Eins werden mit sich
und der Welt

Kundalini-Yoga

GesundheitsRatgeber

Thomas Wesselhöft

Eins werden mit sich und der Welt
Kundalini-Yoga

Inhalt

Vorwort — 6

Geschichte und Philosophie — 8
Der Ursprung von Yoga — 9
Kundalini-Yoga – Die Urmutter
   des Yoga — 10
Kundalini-Yoga heute — 12
Die acht Teile des Yoga — 13

Energetische Systeme — 19
Die Chakren — 20
Die Nadis — 23
Prana und Apana — 24
Die Kundalini — 24
Die drei Körperschleusen — 25
Die zehn Körper — 28

Grundlagen für die Praxis — 32
Richtige Einstimmung — 33
Richtiges Sitzen — 34
Richtige Atmung — 37
Richtiges Üben — 39
Richtige Entspannung — 41

Kundalini-Yoga in der Praxis — 43
Allgemeine Wirkungen — 44
Die Wirbelsäule – innere und
   äußere Haltung — 47
Übungen für die Wirbelsäule — 49
Das Herz – es schlägt vor Freude — 56
Übungen für das Herz — 58
Die Lungen – atme dich frei — 64
Übungen für die Lungen — 67
Der Magen – ohne Ärger leben — 74
Übungen für den Magen — 75
Der Darm – gut verdaute Power — 81
Übungen für den Darm — 83

Die Leber – mit Entgiftung
   weniger giftig — 89
Übungen für die Leber — 90
Die Nieren – ausscheiden
   und Angst loslassen — 96
Übungen für die Nieren — 98
Das Nervensystem –
   unter Stress entspannen — 104
Übungen für das Nervensystem — 106
Das Drüsensystem – Hormone
   bringen uns in Stimmung — 111
Übungen für das Drüsensystem — 114
Das Immunsystem –
   Abwehrkräfte voll in Schwung — 120
Übungen für das Immunsystem — 121
Die Augen – klare Sicht
   in jeder Lebenslage — 128
Übungen für die Augen — 129
Übungen zur Überwindung von
   gesundheitlichen Störungen — 135

Meditationen — 137
Was ist Meditation? — 138
Meditation im täglichen Leben — 140
Meditationsübungen — 142

Anhang — 153
Glossar — 154
Literatur und Adressen — 158
Register — 159

Vorwort

Meinen ersten Kontakt zum Kundalini-Yoga hatte ich 1981 in einem Yogakurs für Schwangere. Meine Frau Rosi und ich waren schwanger mit unserer Tochter Jasmin. Zur Vorbereitung auf die Geburt besuchten wir einen zehnwöchigen Yoga-Unterricht für werdende Mütter und Väter. Völlig unbedarft und nichts ahnend befand ich mich dann in einem schönen Yogaraum in Hamburg. Ich hatte meine Ausbildung zum Heilpraktiker hinter mir und kannte mich deshalb ein wenig mit Yoga aus. Aber nun sollte ich Kundalini-Yoga kennen lernen. Ich saß noch freudig in der Runde der anderen Kursteilnehmer, als plötzlich alle anfingen zu singen. Sie sangen Meditationsworte,

VORWORT

die ich nicht verstand. Die Kursleiterin war ganz in weiß gekleidet. Ich dachte innerlich, die spinnen hier wohl alle ein bisschen. Merkwürdig fand ich nur, dass ich mich nach einer Weile durch die Gesänge und das Yoga äußerst wohl fühlte. Meine Seele wurde aufmerksam. Sie hatte mich ja auch hierher geführt, um eine neue, für mein weiteres Leben besonders wichtige Erfahrung zu machen. Ich hörte von Yogi Bhajan, dem Meister des Kundalini-Yoga, und von seinen wunderbaren Weisheiten über das Leben. Ich besuchte dann mehrere allgemeine Yogakurse, um Kundalini-Yoga intensiver kennen zu lernen. Ich erkannte schnell, dass Kundalini-Yoga mir viel neue Vitalität und Kraft verschaffte. Es änderte aber auch mein Leben. Ich beschloss daher, die Ausbildung zum Kundalini-Yoga-Lehrer zu machen. Seit 1989 bin ich einer der leitenden Lehrer dieser Ausbildung, die in mehreren Städten der Bundesrepublik stattfindet.

Kundalini-Yoga ist für mich nicht nur etwas äußerst Positives für meinen Körper und meine Gesundheit, es hat darüber hinaus auch meine Gedankenmuster, mein Fühlen und mein Erleben auf eine höhere Stufe gestellt. Ich bin auf einen Weg der Bewusstseinsveränderung geführt worden. Ich gehe den Weg des Kundalini-Yoga immer weiter. Mein Bewusstsein verändert sich ständig, der Entfaltung meines eigenen Potentials sind keine Grenzen gesetzt. Kundalini-Yoga ist in der Tat ein wunderbarer Weg, in unserer westlichen Gesellschaft mit östlichen Techniken und Weisheiten bewusst und erfüllt zu leben.

Ich danke besonders meiner Frau Rosi für ihre kreative Inspiration, aber auch für ganz weltliche Dinge wie Yogitee kochen und das Tippen des umfangreichen Manuskripts. Ebenfalls danken möchte ich meiner Tochter Jasmin, die als so genanntes „Yogakind" selbst in der herausfordernden Phase der Pubertät ein leuchtendes Beispiel für die positive Wirkung von Kundalini-Yoga ist. Sie ist selbstbewusst und lebensfroh, obwohl sie von Yoga momentan nichts wissen will.

Mein Dank gilt nicht zuletzt auch allen meinen Yogaschülern und den Teilnehmern der Yogalehrer-Ausbildung. Ihre vielen Fragen und Anregungen waren sehr inspirierend.

Ich widme dieses Buch in tiefer Dankbarkeit Yogi Bhajan. Er ist der Meister des Kundalini-Yoga, der bereit war, das bislang geheime Wissen für die westlichen Menschen zu offenbaren.

Seine Lehren, die alle unsere Lebensbereiche betreffen, sind eine großartige Möglichkeit für inneres und äußeres Wachstum.

Ich danke der schöpferischen Kraft, die mich führt und dieses Buch durch mich geschrieben hat.

Ich wünsche Ihnen, dass dieses Buch Sie inspiriert, Ihre Gesundheit zu verbessern und Ihren Geist mit dynamischen Kundalini-Yoga-Übungen fit und aktiv zu halten. Gleichzeitig können Sie durch die Meditationen jede Herausforderung in Ihrem Leben meistern.

Thomas Wesselhöft

Geschichte und Philosophie

Der Ursprung von Yoga

Yoga stammt aus Indien und zum Teil aus Tibet. Es ist das älteste uns überlieferte Übungssystem für eine ganzheitliche Entwicklung des Menschen. Das Wort *Yoga* stammt aus der indischen Gelehrtensprache Sanskrit, wo es aus dem Begriff *Yui* abgeleitet wurde, der übersetzt „verbinden, anbinden, anjochen" bedeutet. Das deutsche Wort *Joch* hat sich aus demselben Wortstamm entwickelt. Genauso wie das Joch die Zugtiere mit dem Wagen verbindet, führt auch Yoga zwei Teile zusammen. Es geht hier um die Verbindung unserer verschiedenen Wesensanteile: Yoga verbindet das endliche Sein mit dem unendlichen Sein. Philosophisch ist hiermit der Kontakt zwischen unserem Selbst und unserem göttlichen Selbst gemeint.

Im praktischen Leben bedeutet Yoga, dass wir den Weg zur Selbsterkenntnis und Selbstverwirklichung beschreiten. Auf diesem Weg erinnern wir uns aber ständig an das Wesentliche im Leben. Während der eine Teil von uns endlich ist – wir werden mit Sicherheit zu einem bestimmten Zeitpunkt sterben –, ist der andere Teil unendlich: Wir haben eine Seele in uns, den Teil Gottes, der unsterblich ist.

Die Weisheit des Yoga wurde zuerst in den Veden, den ältesten Büchern Indiens, schriftlich niedergelegt. Die vedische Kultur hatte ihre Blütezeit etwa zwischen den Jahren 3000 bis 2000 vor unserer Zeitrechnung. Ihr Verbreitungsgebiet reichte im Osten bis in den Iran, im Norden bis nach Turkistan, im Westen bis zum Ganges und im Süden bis hin zum heutigen Bombay.

Der Unterschied zwischen westlicher und östlicher Philosophie ist wesentlich für das Verständnis von Yoga: Die Philosophen der westlichen Kultur beschäftigen sich vorwiegend mit abstraktem Denken über die Wirklichkeit. In der indischen Philosophie dagegen steht an oberster Stelle die direkte persönliche Erfahrung. Der Mensch muss nicht an Gott *glauben*, sondern er kann ihn direkt in sich *erfahren*. Auf diese Weise dient Yoga mit seiner praktischen Disziplin als Basis und Quelle für unser inneres Wissen. Die Erkenntnis der Wahrheit entsteht demnach nicht durch reines Nachdenken und Philosophieren, sondern im persönlichen Erleben unseres unendlichen Selbst.

Ein zentrales Thema auf dem Weg zur yogischen Selbsterkenntnis ist das Gesetz des Karmas. Karma beschreibt die Beziehung von Ursache und Wirkung. Danach erzeugt alles, was wir tun, eine entsprechende Reaktion: Strahlen wir Liebe aus, so erhalten wir auch Liebe zurück. Denken wir häufig negativ über andere Menschen und gehen dementsprechend mit ihnen um, so werden wir auch schlecht behandelt. Nach dem Karmagesetz sind wir verantwortlich für unser Denken und Handeln. Wir ernten, was wir säen. Wenn wir also durch Yoga-Übungen unseren Körper trainieren, verbessert

GESCHICHTE UND PHILOSOPHIE

sich unsere Gesundheit. Und regelmäßige Meditation führt zu einem entspannten Umgang mit uns selbst und den Mitmenschen. Auf diese Weise berücksichtigt Yoga das Gesetz des Karmas. Je weniger Karma wir uns durch negative Handlungen aufladen, umso schneller lösen sich unsere Leiden auf.

Das Ziel des Yoga ist es, innere Werte zu finden und nach diesen zu leben. Ein Leben nach Prinzipien wie zum Beispiel Gewaltlosigkeit oder Wahrhaftigkeit führt zur Entfaltung unseres höheren Selbst. Wir können mehr sein und erreichen, als wir es im Alltagstrott für möglich halten. Yoga erinnert uns immer wieder an unsere wahre Identität und unsere verborgenen Möglichkeiten. Es gibt uns Raum und Zeit für tiefes Erleben. Dabei ist Yoga keine Abkehr von der Welt, sondern ein praktischer Weg zu mehr Gesundheit, Lebensfreude und Bewusstsein. Dies wird erreicht durch Körperübungen, Atemführung, Meditation und yogische Lebensweise. Um Missverständnissen vorzubeugen: Yoga ist keine Religion oder Weltanschauung, sondern eine auf Verstand und Vernunft aufgebaute Wissenschaft. Am Anfang dieser Methode steht Harmonie, aus Harmonie wird Ruhe. In der Ruhe finden wir die Stille. Die Stille schließlich erzeugt eine tiefe Verbindung zu unserer Seele.

Kundalini-Yoga – Die Urmutter des Yoga

Yoga ist in seinen Ursprüngen ein ganzheitliches System. In früheren Zeiten arbeitete jeder Yogaschüler an allen Aspekten seines Selbst. Das heißt, er praktizierte Körper-, Atem- und Meditationsübungen, analysierte die Welt und betrachtete sein Leben. Yoga war so umfassend, dass es jede Ebene der menschlichen Existenz durchdrang: Yoga hatte Einfluss auf einfache Gewohnheiten wie Essen und Schlafen. Es regelte aber auch die zwischenmenschlichen Beziehungen, die Partnerschaft und die Verbindung zur Schöpfung, zu Gott.

Im Laufe der Zeit wurde Yoga in einzelne Techniken gespalten. Die ursprüngliche Einheit des Yoga, mit dem Ziel eine Einheit des Selbst zu erlangen, wurde aufgelöst. Durch diese Trennung der Techniken entstanden im geschichtlichen Entwicklungsprozess ungefähr 27 verschiedene Yogaschulen. Von den ehemals 27 Yogarichtungen werden heute noch etwa ein Dutzend intensiv praktiziert und gelehrt. Die wichtigsten werden im Folgenden kurz dargestellt, um das Wesen des Kundalini-Yoga als der Urmutter des Yoga aufzuzeigen. Das Ziel all dieser Yogawege ist es, die Kundalini-Energie, unsere ursprüngliche Körper- und Bewusstseinsenergie, zu aktivieren und in Fluss zu bringen.

KUNDALINI-YOGA – DIE URMUTTER DES YOGA

Raja-Yoga ist der „königliche Weg". Hierbei geht es um die Entwicklung der Willensenergie. Die einzelnen Übungen stärken die Willenskraft und aktivieren so die Körperenergien. Die Wirkung von Raja-Yoga wird unterstützt durch die Konzentration auf Symbole und Energiezentren.

Bhakti-Yoga ist das Yoga der Hingabe. Völlige Hingabe an Gott ist hier der Schlüssel zum Erfolg. Ein Leben in Liebe und Einswerden mit dem Schöpfer bringt die Kundalini-Energie in Gang.

Gyan-Yoga ist das Yoga des Wissens. Die Übungen sind mehr intellektueller Art, insofern als das Universum und das Leben analysiert werden. Daraus entsteht die Gewohnheit, Gott in allem zu sehen, und das Bewusstsein des Menschen entwickelt sich.

Karma-Yoga bedeutet selbstloses Handeln. Durch selbstlose Taten werden Blockaden abgebaut, die durch egoistisches Verhalten entstanden sind. Der reine Dienst am Nächsten setzt Energien frei, die unser Bewusstsein verändern.

Hatha-Yoga konzentriert sich mehr darauf, den physischen Körper zu vervollkommnen. „Ha", die Sonnenenergie, und „tha", die Mondenergie, werden auf diese Weise vereinigt: Das höhere und das niedere Selbst werden verbunden. Im Hatha-Yoga werden Körperübungen mit Bewusstseins- und Atemkontrolle koordiniert.

Kundalini-Yoga ist die Urmutter des Yoga und das Yoga des Bewusstseins. Hier findet man alle ursprünglichen, ganzheitlichen Aspekte des Yoga. Kundalini-Yoga wurde im Laufe der Geschichte mündlich weitergegeben

und durch eine geheime Tradition vor der Zerstörung bewahrt.

In der Tradition der Lehrer des Kundalini-Yoga steht Yogi Bhajan. Er ist der heutige Meister des Kundalini-Yoga und hat die uralte Technik am Ursprung gelernt, erfahren und gemeistert. Geboren wurde Yogi Bhajan 1929 in Pakistan. Bereits mit 16 Jahren legte er seine erste Prüfung zum Meister des Kundalini-Yoga ab. Seit 1969 unterrichtet Yogi Bhajan Kundalini-Yoga in Los Angeles, mit dem Ziel, Lehrer auszubilden, die Kundalini-Yoga in alle Länder der Erde verbreiten. Er versteht sich nicht als Guru, der Schüler um sich versammelt. Sein Anliegen ist vielmehr die Verbreitung der Lehren des Kundalini-Yoga und die Vermittlung ihrer praktischen Anwendung für jede Lebenssituation.

Yogi Bhajan gründete die Organisation 3HO. Die drei „H's" stehen für Happy, Healthy, Holy: Glücklich, gesund und heilig zu leben sind die Grundprinzipien der Mitglieder. Diese Organisation ist inzwischen auf der ganzen Welt und in allen Bevölkerungsschichten verbreitet. Sie ist offen für alle Menschen, die Kundalini-Yoga und die yogische Lebensweise kennen lernen und erfahren möchten.

In Deutschland bildet die 3HO seit über 15 Jahren regelmäßig Yoga-LehrerInnen aus, die Kundalini-Yoga in den unterschiedlichsten Bereichen der Gesellschaft unterrichten. Kundalini-Yoga ist durch Yogi Bhajan zu einem System geworden, welches die ursprünglichen Techniken des ganzheitlichen Yoga für den heutigen Menschen praktizierbar macht.

GESCHICHTE UND PHILOSOPHIE

Kundalini-Yoga heute

Kundalini-Yoga und seine yogische Lebensweise sind heute besonders aktuell und wichtig. Denn in unserer schnelllebigen Zeit verlieren wir häufig den Kontakt zu unserem Körper, zu unseren Gefühlen und zu den wesentlichen Zielen unseres Lebens. Eingespannt in Zeitdruck, Arbeitsstress und Informationsflut erscheint uns der tägliche Spielraum für die freie Entfaltung minimal. Der ursprüngliche Beweggrund, der Menschen zum Yoga bringt, ist meist der Wunsch nach mehr Entspannung. Weitere Gründe sind die Minderung von Rückenschmerzen, allgemeine Steigerung der Gesundheit und die Verbesserung der Atmung. Doch immer häufiger wird von den Kursteilnehmern das Verlangen geäußert, innere Ruhe zu finden und einen besseren Kontakt zu sich selbst herzustellen. Der Verlust von traditionellen Werten in der Gesellschaft führt zu einer neuen Suche nach den inneren Werten in uns selbst.

Kundalini-Yoga kombiniert Körperübungen mit energetischen und geistigen Techniken. Dabei wird der Verstand völlig klar und konzentriert. Die Erkenntnis unserer wahren Kräfte und Möglichkeiten ist die ganz natürliche Folge.

Die einzelnen Übungsreihen bestehen aus kurzen, dynamischen und stark energetisierenden Übungen, deren reinigende, entspannende und zugleich aktivierende Wirkung Sie schon nach der ersten Übungsstunde spüren.

Kundalini-Yoga besteht aus hunderten von Yoga-, Atem- und Meditationsübungen und ist somit ein äußerst kreatives System. Für jede Gesundheitsstörung, zum Beispiel Magenprobleme, gibt es mindestens eine Übungsserie. Und jede psychische Störung, wie etwa depressive Verstimmungen, kann durch eine spezielle Meditation positiv beeinflusst werden. In diesem Buch finden Sie unter anderem Übungsreihen für die Wirbelsäule, das Immunsystem oder das Nervensystem. Es gibt aber auch Übungsreihen zur Lösung von Ängsten, unterdrückter Wut oder zum Abbau von Stress.

Die Vorstellung vom Yogi, der der Welt entflieht und sich einsam und asketisch Gott zuwendet, ist nicht mehr zeitgemäß. Genauso ist die noch latent vorhandene Angst einiger Menschen, beim Yoga an eine Sekte zu geraten, meist unbegründet. Im Gegenteil, Yoga führt uns immer zur Lösung von Abhängigkeiten und zur freien Entfaltung unserer Persönlichkeit. Kundalini-Yoga ist darüber hinaus sogar eine von Krankenkassen anerkannte Technik zur Verbesserung der Gesundheit und Lebensweise.

Yogi Bhajan lehrt ein differenziertes System des Kundalini-Yoga, das den Lebensbedingungen des heutigen westlichen Menschen angepasst und für fast jede Person praktizierbar ist. Sie können Kundalini-Yoga einzeln für sich oder auch in einer Gruppe ausüben. Es gibt Yogakurse allgemeiner

Art, aber auch solche für spezielle Gruppen wie Frauen, Männer, Kinder oder Schwangere.

Wir unterrichten Kundalini-Yoga in Gefängnissen, in Businesskursen sowie auf Konferenzen der UNESCO ...

Das umfassende Konzept des Kundalini-Yoga gibt uns konkrete Richtlinien für eine gesunde Ernährung, eine positive Lebensweise und einen kreativen Umgang mit den Problemen und Herausforderungen unseres Lebens. Das Ziel ist die Erweckung unseres unendlichen Potentials. Wir erleben eine größere Wachheit, Lebendigkeit und körperliche Fitness. Unsere Ausstrahlung verbessert sich sowie der Mut, Verantwortung für alle Bereiche und Situationen des eigenen Lebens zu übernehmen. Kundalini-Yoga, das Yoga des Bewusstseins, ermöglicht uns ein harmonisches Leben in einer sich schnell verändernden, aber trotzdem wunderbaren Welt.

Die acht Teile des Yoga

Alle heute praktizierten Yogasysteme beziehen sich auf die Sutren des indischen Yoga-Philosophen Patanjali. Der Autor dieser Merksätze (Sutren), der im zweiten Jahrhundert vor Christus in Indien lebte, entwickelte die Prinzipien und nannte sie die „Achtblättrige Blüte des Yoga". Diese acht Teile sind in 195 Sutren niedergelegt. Sie bilden die Grundlage für die Yogapraxis. Der „Achtfache Yoga" beschreibt die verschiedenen Wege zur Befreiung unseres wahren Selbst. Die Ausführungen von Patanjali sind dabei keine theoretisch philosophischen Abhandlungen, sondern praktische Anweisungen für den Alltag. Wenn wir in der Praxis die einzelnen Blätter zusammenfügen, erblüht unser innerstes Sein. Im Folgenden werden die einzelnen Teile dieses uralten Wissens dargestellt. Die 1000 Jahre alte Tradition des Yoga ist auch auf das Leben in unserer westlichen Zivilisation praktisch anwendbar. Dabei sollen die Regeln des Patanjali aber nicht blind befolgt werden, sondern jeder Mensch soll seine eigenen Erfahrungen damit machen und sie in sein persönliches Leben integrieren.

Äußere Disziplin und Verhaltensregeln – Yama

Zu Yama gehören verschiedene Anweisungen für das eigene tägliche Leben in der Gesellschaft.

Gewaltlosigkeit

Hiermit wird jede Kreatur auf unserem Planeten geehrt. Praktisch verlangt das Prinzip der Gewaltlosigkeit, weder seinen Lebenspartner noch seine Kinder zu misshandeln oder zu schlagen; darüber hinaus kein Lebewesen zu töten, welches laufen, kriechen, schwimmen

13

GESCHICHTE UND PHILOSOPHIE

oder fliegen kann. Aus diesem Grund gehört zur yogischen Lebensweise auch eine vegetarische Kost mit all ihren Vorzügen.

Wahrhaftigkeit
Durch inneren Frieden kann auch ein Frieden in der Welt erreicht werden. Wenn wir offen und ehrlich unseren Mitmenschen gegenübertreten, zeigen wir unser wahres Wesen. Dies heißt nicht, jedem die Wahrheit ins Gesicht zu schlagen. Es meint vielmehr, dass ein ehrliches Gespräch oder die klare Äußerung unserer Meinung uns bei der Selbsterkenntnis hilft.

Nicht Stehlen
Alles, was ich mir auf unehrliche Weise aneigne, wird mir wieder genommen werden. Wenn jemand die Versicherung betrügt oder das Finanzamt, so gilt dies heutzutage schon als Kavaliersdelikt. Es ist aber so, dass wir für alles bezahlen müssen. Manchmal geschieht dies nicht direkt, sondern das Gesetz des Karmas macht einige Umwege: So freut sich vielleicht jemand über die „gestohlene" Versicherungssumme und plötzlich geht sein Auto kaputt.

Reiner Lebenswandel
Patanjali spricht hier besonders vom Nicht-Begehren. Für unsere moderne Welt ein scheinbar unmögliches Gebot. Die Rückkehr zum Wesentlichen bedeutet aber nicht der vollständige Verzicht auf die angenehmen Dinge des Lebens. Auch die Sexualität hat in der yogischen Lebensweise ihren Platz. Doch die Fixierung auf Sexua-

lität, Aktienkurse und weltlichen Besitz bindet viel Energie, die im Yoga für die freie Entfaltung unserer inneren Werte benötigt wird.

Nicht Besitz ergreifen
Betrachten Sie nichts als Ihren wirklichen Besitz. Denn kein einziges unserer weltlichen Güter können wir bei unserem Tode mitnehmen in die geistige Welt. Nun brauchen wir auch nicht damit anfangen, alles zu verschenken und uns nichts mehr zu gönnen. Wichtig ist es aber, dass wir nicht unser Selbstwertgefühl an etwas hängen und ohne diesen Besitz nicht mehr glücklich und zufrieden sein können.

②Die innere Selbstdisziplin – Niyama

Niyama sind Verhaltensregeln für den täglichen Umgang mit uns selbst.

Reinheit
Hier geht es um eine Reinigung unseres Körpers wie auch unseres Geistes. Im Kundalini-Yoga benutzen wir morgens die kalte Dusche, um uns für den kommenden Tag zu reinigen. Die Entgiftung des Körpers durch Yoga-Übungen und vegetarische Kost sind weitere Beispiele – auch sie reinigen unseren Körper.
Die Reinheit des Geistes wird bewirkt durch reine Gedanken. Solche Gedanken sind frei von verletzenden, zerstörenden Ideen und zwanghaften sexuellen Vorstellungen. Das Mittel zur Reinigung unserer Gedanken ist die Meditation.

Innere Ruhe

Zufriedenheit zu erlangen ist ein großes Ziel des Yoga. Nehmen Sie sich einen Moment Zeit und spüren Sie, wie viel Prozent Ihres heutigen Tages Sie zufrieden gewesen sind. Beginnen Sie, sich selbst und alles, was Ihnen heute begegnet, zu lieben. Die Zufriedenheit, die sich dabei einstellt, führt uns zu innerer Ruhe und Freude. Innere Ruhe wiederum erzeugt eine tiefe Dankbarkeit für unser Leben.

Askese

Askese bedeutet enthaltsame Lebensweise. Die Vorstellung vom Yogi im Himalaja, nur bekleidet mit einem Lendenschurz wird hier wieder wachgerufen. In der yogischen Lebensweise bedeutet Askese aber die Beherrschung von Körper und Sinnen.
Üben Sie zum Beispiel Enthaltsamkeit bei Nachrichten: Eine Woche lang lesen Sie keine Tageszeitung und nehmen Sie keine Nachrichten auf über Radio und Fernsehen. Sie werden eine erstaunliche Erfahrung machen! Oder verzichten Sie bewusst für zwei Wochen auf jede Form von Zucker. Ihr Körper und Ihr Geist werden sich leicht und klar fühlen.
Enthaltsamkeit durch bewusste Entscheidung öffnet uns die Tore zu unseren wirklichen Bedürfnissen.

Studium philosophischer Schriften

Sie können natürlich die Texte der Yogaphilosophie studieren, um weise zu werden. Nehmen Sie aber einfach ein Buch, eine Abhandlung oder einen positiven Satz mit geistreichem Inhalt und denken Sie über die Aussagen nach. Wenn Sie sich morgens ungefähr für 15 Minuten mit einem inspirierenden Text beschäftigen, wird Sie diese Energie den ganzen Tag begleiten. Durch Gedanken über den Sinn des Lebens erkennen wir unsere persönliche Aufgabe und Berufung auf dieser Erde.

Hingabe

Sich hinzugeben scheint heutzutage besonders schwierig zu sein, da wir glauben, alles in der Hand haben zu müssen. Die Kontrolle unseres Lebens ist mannigfaltig. Nur der Fluss des Lebens ist wirklich frei, das heißt, wir wissen nicht, was morgen ist. Im Yoga sagen wir, unser Leben ist in Gottes Hand. Wir haben zwar die Freiheit der eigenen Entscheidung, wir können aber nicht bestimmen und voraussehen, wohin uns die durch Yoga aktivierte Energie führen wird. Unsere innere Stimme leitet uns immer auf den richtigen Weg, wenn wir bereit sind, auf sie zu hören.

Die Körperhaltungen – Asanas

Im Yoga gibt es ungefähr 100 Grundhaltungen mit unzähligen Variationen. Besonders wichtig ist das richtige Sitzen. Gerade der korrekte Yogasitz fällt am Anfang des Übens häufig schwer: Jeder Körperteil drückt und spannt, das aufrechte Sitzen ist schmerzhaft. Mit fortschreitender Yogapraxis wird der Körper aber immer beweglicher und entspannter. Sie werden ihn mehr spüren und besser wahrnehmen. Ein

GESCHICHTE UND PHILOSOPHIE

entspannter und flexibler Körper ist die Grundvoraussetzung für den optimalen Fluss unserer Lebensenergie. Je leichter unsere Energien fließen, umso besser können wir geistige Übungen und Meditationen ausführen.

Setzen Sie sich gerade jetzt aufrecht hin und spüren Sie, wie Ihre Energie sich dadurch verändert.

Die Asanas im Kundalini-Yoga sind besonders aktiv und dynamisch, obwohl auch ruhigere Übungsteile vorkommen. Jede Übung wird mit dem Atem und der inneren Konzentration verbunden. Der übergreifende Trainingseffekt erfüllt uns gleichzeitig mit Dynamik und Entspannung in jeder Lebenssituation. Sie können dann auch in yogischer Haltung, entspannt und mit geradem Rücken abwaschen oder den Rasen mähen.

Führung und Regelung der Atmung – Pranayama

Pranayama ist die Beherrschung (Yama) der Lebensenergie (Prana). Mit speziellen Atemübungen können wir auf unseren Körper und Geist Einfluss nehmen. Im Kundalini-Yoga benutzen wir häufig den langen und tiefen Atem, aber auch den dynamischen Feueratem (siehe Seite 37/38). Weil die Menge der Atemzüge in direkter Verbindung mit dem Zustand unserer Gedanken und Gefühle steht, können wir uns allein durch langsames, tiefes Atmen beruhigen.

Bei Pranayama-Übungen wird die Atmung bewusst gelenkt und so die Nerven gekräftigt. Mit starken Nerven

wiederum bleiben wir auch in stressigen Situationen innerlich ruhig und gelassen. Atmen Sie zum Beispiel zehnmal tief ein und aus, wenn Sie gerade eine Person anschreien oder kritisieren wollen. Sie werden danach trotzdem Ihr Anliegen vorbringen, aber viel sachlicher, entspannter und mit mehr Konzentration.

Zurückhaltung und Beherrschung der Sinne – Pratyahara

Unsere Sinnesorgane, zum Beispiel Augen und Ohren, sind darauf ausgerichtet, äußere Reize wahrzunehmen. Unser Gehirn setzt diese Reize anschließend um in Gedanken und Gefühle. Dies bedeutet, dass unser Fühlen und unser inneres Erleben sehr stark davon abhängt, welche Reize aus der Umwelt wir aufnehmen.

Auch auf innere Reize reagieren wir ständig. Sie denken zum Beispiel an ein negatives Erlebnis und schon fühlen Sie sich schlecht. Pratyahara bedeutet, die Abhängigkeit von äußeren und inneren Sinnesreizen zu lösen. Wir können es lernen, nur das wahrzunehmen, was uns stärkt und aufbaut.

Da unsere Sinne immer aktiv sind, kommt es darauf an, sie zur Ruhe zu bringen: Dies gelingt, wenn wir uns auf unseren Atem konzentrieren. Sobald wir nicht mehr durch innere und äußere Reize abgelenkt werden, können wir uns besser auf uns selbst konzentrieren und erkennen, was wirklich wichtig für uns ist.

DIE ACHT TEILE DES YOGA

Die Konzentration des Geistes – Dharana

Die richtige Körperhaltung, der geführte Atem und die Sinnesbeherrschung sind die Voraussetzungen für die nun folgenden Schritte. Erst wenn wir richtig gerade sitzen, entspannt atmen und unsere Aufmerksamkeit nach innen wenden, können wir uns optimal konzentrieren. Außerdem ist es notwendig, dass wir lernen, unsere Gedanken zur Ruhe zu bringen. Unser Denken braucht einen Konzentrationspunkt, um nicht in alle möglichen Richtungen abzuwandern. Im Kundalini-Yoga gibt es eine Vielzahl von Konzentrationspunkten. Häufig benutzen wir den inneren Blick auf das „Dritte Auge", eine Stelle, die sich zwischen unseren Augenbrauen befindet. Andere Punkte sind beispielsweise die Nasenspitze oder das Herzzentrum. Bleiben wir mit unserer Aufmerksamkeit bei einem dieser Konzentrationspunkte, dann verschwinden mit der Zeit alle unerwünschten Gedanken. Unser Geist wird vollkommen ruhig und konzentriert. Auf diese Weise können wir in die tieferen Schichten unseres Unterbewusstseins eindringen.

Die Meditation – Dhyana

Die Konzentration der Gedanken ist die Basis einer Meditation. Meditation bedeutet Nachdenken, Betrachtung, Sich-Versenken. Sie ist der östliche Weg, unser Unterbewusstsein zu erreichen und unser Bewusstsein zu erweitern. Genauso wie die westliche Psychotherapie zur Wandlung unserer Persönlichkeit beitragen kann, ist Meditation ein Weg, unser wahres Selbst zu erkennen. Das Ziel der Selbsterkenntnis und Bewusstseinserweiterung wird allerdings erst nach Überwindung einiger Hindernisse erreicht.

Wir sitzen beispielsweise im Yogasitz und beginnen zu meditieren. Plötzlich juckt es uns am großen Zeh. Schon sind wir mit Kratzen beschäftigt. Wir kehren zur Meditation zurück und bekommen Schmerzen in den Beinen. Selbst eine harmlose Fliege hat schon geübte Meditierende aus der Fassung gebracht ... Es gibt so vieles, was uns ablenken kann. Deshalb benutzen wir im Kundalini-Yoga verschiedene „Schiffe", mit denen unser Geist über das Meer der unruhigen Gedanken fahren kann. Am leichtesten können wir die Konzentration mit einem Mantra (Meditationswort) halten. Die Silbe Man bedeutet Geist und die Silbe Tra Projektion.

Mantren sind also besondere Wörter, auf die wir in der Meditation unseren Geist ausrichten. Je mehr wir uns zusätzlich mit dem Inhalt eines Mantras verbinden, desto stärker wird der Kontakt zu unsrem inneren Wesen. Die zusätzliche Kraft eines Mantras liegt in seinem Klangstrom: Denn die Tonschwingungen beeinflussen unser Gehirn.

Mantren können wir während der Meditation aussprechen, denken, singen oder chanten (Sprechgesang). Nehmen Sie sich einen kurzen Moment Zeit und meditieren Sie über das Hauptmanta des Kundalini-Yoga SAT NAM. Denken Sie beim Einatmen

17

GESCHICHTE UND PHILOSOPHIE

„Sat", was Wahrheit bedeutet, und beim Ausatmen „Nam", das mit Name oder Identität übersetzt wird. Für ein paar Atemzüge konzentrieren Sie sich so auf Ihre wahre Identität. Denn plötzlich verlassen Ihre Gedanken das Alltagsgeschehen und Sie konzentrieren sich ohne besondere Anstrengung auf einen wesentlichen Teil Ihrer Persönlichkeit. Sie fragen sich vielleicht, was ist meine wahre Identität? Das Mantra wandert in Ihr Unterbewusstsein und bringt tiefere Wesenszüge in Ihr Bewusstsein.

Die wahre Kunst der Meditation ist es also, alle Gedanken zur Ruhe zu bringen. Nach dieser inneren Stille aller geistigen Prozesse folgt der Zustand der Erleuchtung.

Das Einswerden, die Erleuchtung – Samadhi

Die Stille der Gedanken erzeugt eine Versenkung unseres Geistes: Wir versenken uns in das Objekt unserer Meditation. Hierbei wird unser Geist eins mit dem Inhalt der Meditation. Die Trennung zwischen Objekt, zum Beispiel dem Meditationswort, und Subjekt, unserem Selbst, wird aufgehoben. Wir erfahren eine vollkommene Verbindung, ein Einssein mit der gesamten Schöpfung. Genauso wie jede einzelne Zelle unseres Körpers ihre spezielle Funktion ausübt und doch verbunden ist mit dem gesamten Körper.

Im Samadhi gibt es nur die Einheit: Alles ist eins und miteinander verbunden; alle Menschen, das Universum sind eine vollständige Einheit. Dieser Zustand tiefster Meditation ist ein Moment des Nicht-Denkens, Nicht-Fühlens; reines Einssein ohne Beurteilungen und Bewertungen. Es ist die überwältigende Erfahrung, dass Gott das Universum in mir ist. Gott und ich sind eins.

Für unser Alltagsbewusstsein ist diese tiefe Erfahrung von wesentlichem praktischen Wert. Wenn wir erkennen, dass Gott in allem enthalten ist, wird unser Verhalten sich grundlegend verändern. Das heißt, wenn wir den Schöpfer in einem Menschen, in einer Blume, einem Tier oder einem Stein wahrnehmen, können wir liebevoller und demütiger mit unserer Umwelt umgehen.

Energetische Systeme

ENERGETISCHE SYSTEME

Die Chakren

Im Sanskrit bedeutet Chakra Rad, Wirbel oder Lichtrad. Die Chakren sind Energiezentren in unserem feinstofflichen Körper. In der indischen Literatur werden 88.000 Chakren beschrieben. Es gibt sieben Hauptchakren, die ihren Ursprung im Bereich der Wirbelsäule haben. Dazu kommen viele Nebenchakren, zum Beispiel in den Handflächen oder den Fußsohlen.

Die Chakren kann man sich vorstellen wie Blütenkelche, deren Stiele im Bereich des Rückenmarks entspringen. Diese Blütenkelche sind mittig an der Vorderseite des Körpers lokalisiert und bestehen aus verschiedenen Blütenblättern. Die einzelnen Blätter werden durch Nadis (Energiekanäle) mit Energie versorgt. Während wir im Bereich des Wurzelchakras nur vier Energiekanälchen finden, enthält das Scheitelchakra bis zu 1000 Nadis. Die Chakren werden durch verschiedene energetische Kräfte beeinflusst: Zum einen durch die Kundalini-Energie (siehe Seite 24/25), die durch den Sushumna-Kanal, einem Hauptnadi, vom Wurzelchakra bis zum Scheitelchakra fließt. Zum anderen durch unsere Vitalität, unsere psychischen Kräfte und durch die kosmische Energie.

Die Chakren versorgen uns permanent mit Energien der unterschiedlichsten Frequenzen und Qualitäten. Diese verschiedenen Kräfte werden von den Chakren angezogen, umgewandelt und auch wieder abgegeben. Über unsere Chakren stehen wir energetisch ständig in Kontakt mit unserer Umwelt und dem Universum.

Die einzelnen Blütenkelche der Chakren sind mal mehr oder weniger geöffnet oder auch geschlossen. Dies hängt davon ab, welche Chakren wir in unserem Leben besonders aktivieren. Aus der spezifischen Energiebalance der einzelnen Chakren ergibt sich unsere jeweilige persönliche Ausstrahlung. Praktisch erleben Sie dies in Aussagen wie, jemand ist ein Herzensmensch. Oder eine Person spricht so faszinierend, dass jeder gebannt zuhört. Dies zeigt an, dass bei diesem Menschen das zugehörige Chakra besonders aktiv ist.

Die folgende Darstellung der einzelnen Chakren gibt Ihnen einen Einblick in die Lage und das Wirkungsspektrum der jeweiligen Energiezentren.

Wurzelchakra (Muladhara)

Es liegt am unteren Ende der Wirbelsäule, zwischen dem Anus und den Geschlechtsorganen.

Organ/Drüse: Dickdarm, Rektum; Nebennieren.

Eigenschaft: Positive Selbstbezogenheit, materielle Sicherheit, Überlebensmechanismus, Stabilität, Selbstvertrauen, Erdverbundenheit.

Störung: Schwache körperliche Konstitution, geringe körperliche und seelische Widerstandskräfte, Sorgen, Unsicherheit, Mangel an Durchsetzungs-

20

DIE CHAKREN

kraft, das Leben wird als Last empfunden; das Gefühl, nicht recht auf die Erde zu gehören.

Sexual-Sakralchakra (Svadhistana)

Es liegt zwischen dem Schambein und dem Nabel, in der Höhe der Geschlechtsorgane.
Organ/Drüse: Sexualorgane, Nieren; Hoden, Eierstöcke.
Eigenschaft: Steht mit den sexuellen Funktionen in Verbindung. Geduld, Kreativität, ursprüngliche Gefühle, Begeisterung.
Störung: Mangelnder Kontakt zu den eigenen Gefühlen durch unterdrückte Sinnlichkeit und Zärtlichkeit in der Kindheit, mangelnde elterliche Zuwendung oder durch das Abblocken von Gefühlen in der Pubertät. Mangel an Selbstwertgefühl; erstarrte, zurückgehaltene Emotionen.

Nabelchakra (Manipura)

Es liegt zwei fingerbreit oberhalb des Nabels.
Organ/Drüse: Leber, Galle, Milz, Magen, Verdauungssystem; Bauchspeicheldrüse.
Eigenschaft: Es nutzt und lenkt die Energien der unteren Chakren. Ebenso werden hier die Energien der oberen Chakren im Menschen verankert. Machtzentrum. Sitz des Egos, der Emotionen, auch von Wut, Gier und Zweifel, sowie des Selbstwertgefühls. Hier entsteht unsere Kraft für inneres Gleichgewicht, Inspiration und gute

Gesundheit. Durchsetzungskraft für unser Wünschen und Wollen. Symbolischer Name: „Die Juwelen-Stadt".
Störung: Niedergeschlagen, mutlos, Hindernisse überall. Behinderung der freien Entfaltung als Kind. Gebrochener Wille. Vieles wird „hineingefressen". Mangel an Kraft und Spontaneität. Anpassung, um Anerkennung zu erhalten. Abwehr von Wünschen und Emotionen. Flaues Gefühl im Magen bei Schwierigkeiten; fahrig und unkonzentriert. Angst vor ungewohnten Situationen, fehlende „Mitte". Das Gefühl schwach zu sein.

Herzchakra (Anahata)

Es liegt im Bereich des Herzens auf dem Brustbein, in der Mitte der Brust.
Organ/Drüse: Herz, Lunge; Thymusdrüse.
Eigenschaft: Das Herzchakra steht im Mittelpunkt des Chakrensystems. Es verbindet die drei oberen und die drei unteren Chakren miteinander. Wenn das Herzzentrum sich öffnet, verstärken sich unsere Fähigkeiten, Mitgefühl zu empfinden, zu dienen, zu lieben. Wir erkennen und verstehen die Qualitäten eines anderen Menschen. Wir können anderen entgegenkommen. Es ist die Ebene der Hilfsbereitschaft und des Vertrauens.
Störung: Verschlossen gegenüber der Umwelt. Leicht verletzbar, abhängig von Liebe und Zuneigung anderer. Tief getroffen bei Zurückweisung. Angst vor Ablehnung; Wunsch nach Liebe, dabei zwar freundlich und zuvorkommend, aber ohne tiefes Einlassen. Helfersyndrom. Herzlosigkeit und Traurigkeit.

ENERGETISCHE SYSTEME

Kehlkopfchakra (Vishuddha)

Es liegt zwischen der Halsgrube und dem Kehlkopf.
Organ/Drüse: Luftröhre, Hals, Halswirbel; Schilddrüse.
Eigenschaft: Zentrum der Wahrheit, der Sprache, des Wissens und der Kommunikationsfähigkeit. Es unterstützt unseren Selbstausdruck und unsere Interaktion. Alle kreativen Formen der Darstellung, wie Musik, Mimik, Gestik werden hier mitgeteilt. Gefühle, Ideen und Meinungen finden über dieses Chakra ihren Ausdruck.
Störung: Trägheit, Ausdrucks- und Darstellungsschwäche. Schüchtern, still, zurückgezogen. „Kloß" im Hals, gepresste Stimme, Stottern. Unsicherheit, Furcht vor der Meinung und dem Urteil anderer.

Stirnchakra/Das Dritte Auge (Ajna)

Es liegt zwischen den Augenbrauen in der Mitte der Stirn.
Organ/Drüse: Kleinhirn, Augen, Ohren, Nase, Nasennebenhöhlen; Hirnanhangsdrüse (Hypophyse).
Eigenschaft: Zentrum der Intuition; Hellsichtigkeit; Fähigkeit zu visualisieren; Fantasie, Konzentration und Zielstrebigkeit.

Störung: Anerkennung nur der äußeren Realität; nur materielle Bedürfnisse, keine geistigen Auseinandersetzungen. Ablehnung des Spirituellen. Schematisches Denken, Orientierung an vorherrschender Meinung.

Scheitel-Kronenchakra (Sahasrara)

Es liegt genau auf dem Scheitelpunkt, in der Mitte des Kopfes.
Organ/Drüse: Großhirn, Mittelhirn; Zirbeldrüse (Epiphyse).
Eigenschaft: Nach yogischer Vorstellung: Sitz der Seele; Verbindung zu unserem höheren Selbst, zum Universum. Erleuchtung, Einheit. Über dieses Chakra fließt die meiste kosmische Energie in uns ein und nährt alle anderen Chakren. Es ist die Steuerungszentrale für das zentrale Nervensystem.
Störung: Gefühl des Getrenntseins von der Fülle des Lebens; Verunsicherung; Ziellosigkeit; keine Öffnung für spirituelle Erkenntnisse. Angst vor dem Tod.

Jede einzelne Yoga-Übung aktiviert ein oder mehrere Chakren und deren positive Eigenschaften. Ein Yogaset beeinflusst meist alle Chakren und sorgt so für einen energetischen Ausgleich und die Linderung der entsprechenden Störungen.

Die Nadis

Nach yogischer Vorstellung gibt es neben den Chakren ein weiteres energetisches System, durch das unsere Lebensenergie fließt. Diese Energiebahnen, die den gesamten Körper durchziehen, werden Nadis genannt. Nadi bedeutet Kanal, Gefäß, Ader oder Nerv. Die Nadis sind vergleichbar mit den Nervenbahnen unseres Nervensystems, mehr aber noch mit den Meridianen aus der chinesischen Akupunkturlehre. Durch diese feinen Kanäle fließt das Prana, unsere Lebensenergie. In der traditionellen indischen und tibetischen Literatur werden 72.000 Nadis beschrieben.

Der Ursprung der meisten dieser Energiekanäle ist der Nabelpunkt, ein energetischer Bereich in der Nabelgegend. Es handelt sich hier um ein feinstoffliches Zentrum, das zwischen dem Bauchnabel und dem letzten Wirbel der Wirbelsäule liegt. Vom Nabelpunkt aus wird die Lebensenergie in alle Bereiche unseres Körpers verteilt.

Die wichtigsten Nadis heißen **Ida, Pingala** und **Sushumna.** Von diesen dreien wiederum ist Sushumna der bedeutendste. Durch diesen Nadi, der im Bereich der Wirbelsäule liegt, fließt die Kundalini-Energie. Sushumna ist auch der Ausgangspunkt der Chakren, das heißt ihre Stiele sprießen aus diesem Nadi heraus. Ida und Pingala laufen um den Sushumna-Kanal herum und kreuzen sich jeweils im Bereich der Chakrenstiele. Beide treffen sich im Wurzelchakra.

Pingala beginnt am rechten Nasenloch. Durch diesen Nadi fließt die positiv geladene Energie (Prana), die aktiviert, reinigt und Hitze produziert. Pingala ist mit der Sonnenenergie verbunden. Ida beginnt am linken Nasenloch. Durch diesen Nadi strömt die negativ geladene Energie (Apana), die ausscheidet, kühlt und beruhigt. Ida ist mit der Mondenergie verbunden.

In der Yogapraxis wird die Wirkung der Nadis auf unseren Körper in den folgenden Beispielen sehr deutlich. Wenn wir einatmen und danach den Atem anhalten, fließt Prana über den Pingala-Nadi zum Nabelchakra. Dadurch steigt unser Blutdruck. Beim Ausatmen und Atemaushalten hingegen fließt Apana vom Wurzelchakra zum Nabelchakra und der Blutdruck sinkt.

Atmen Sie circa fünf Minuten nur durch das rechte Nasenloch. Halten Sie dabei das linke Nasenloch mit dem Daumen der linken Hand geschlossen. Diese Atemübung wirkt anregend. Ihr Blutdruck steigt und Sie fühlen sich aktiver. Sie können diese Technik morgens anwenden, um besser wach zu werden.

Atmen Sie nun ungefähr fünf Minuten nur durch das linke Nasenloch. Halten Sie dabei das rechte Nasenloch mit dem Daumen der rechten Hand geschlossen. Dieser Vorgang beruhigt, Ihr Blutdruck sinkt und Sie werden wahrscheinlich etwas müde. Die Übung kann Ihnen abends helfen, besser und leichter einzuschlafen.

ENERGETISCHE SYSTEME

Prana und Apana

Prana und Apana, zwei weitere Energien, erhalten unseren Organismus und unsere Lebenskraft:

Prana ist die Lebensenergie, die jede Zelle unseres Körpers durchringt. Jedes Atom unseres Universums wird von dieser Energie erfüllt, selbst ein scheinbar lebloser Berg besteht aus konzentriertem Prana. Diese Kraft hat eine stärkende, wärmende und reinigende Wirkung auf unseren Organismus. Sie können sich Prana als kleine Energiekügelchen vorstellen, die über verschiedene Transportmittel in unseren Körper gelangen.

Wir nehmen diese Form Lebensenergie auf:
- über die Atmung,
- über die Nahrung und das Wasser,
- über Berührungen der Haut, zum Beispiel durch Massagen,
- über die Sonnenstrahlen (vor allem über die Haare).

Apana umfasst die ausscheidenden Energien unseres Körpers. Alles, was unseren Organismus verlässt, was wir abgeben, ist Apana. Apana verlässt unseren Körper:
- über die Ausatmung,
- über Stuhl und Urin,
- über Pickel und Hautausschläge,
- über Schweiß und Tränen,
- über vermehrte Schleimbildung.

Prana und Apana sind also vitale Kräfte, die uns am Leben erhalten. Stellen Sie sich vor, jemand atmet flach und leidet unter Verstopfung. Allein diese beiden Störungen verringern die Kräfte des Betroffenen enorm. Erst durch den freien Fluss von Prana und Apana kann die Kundalini-Energie aufsteigen. Das heißt, nur über einen vitalen und gereinigten Körper erlangen wir vollständigen Zugang zu den feinstofflichen Kräften in uns.

Die Kundalini

Kundalini ist die energetische Kraft, von der das Kundalini-Yoga seinen Namen erhalten hat. Sie wird auch Kundalini-Shakti genannt. „Kundalini" bedeutet die Zusammengerollte und in Verbindung mit dem Begriff „Shakti" heißt die Übersetzung: Schlangenkraft. Die Kundalini symbolisiert eine verborgene „schlafende" Energie – unser noch nicht vollständig entwickeltes Bewusstsein.

Die Schlange gilt als Symbol für die Verbindung von Himmel und Erde, sie steht für Erkenntnis, Weisheit und Ewigkeit. Sie erinnert uns an die Unsterblichkeit des Lebens. Gleichzeitig

DIE DREI KÖRPERSCHLEUSEN

ist die Schlange die Manifestation unseres inneren Feuers, ein Ausdruck für die kosmische Kraft, die sich auch in uns befindet. Die Kundalini ruht – so die yogische Vorstellung – zusammengerollt in dreieinhalb Windungen im Wurzelchakra. Mit ihrem Kopf verschließt sie den Eingang zum Sushumna-Kanal (siehe Seite 23).

Nach der Yogaphilosophie ist das gesamte Universum polar aufgebaut. Wir kennen plus und minus oder männlich und weiblich als Ausdruck für diese Polarität. Die beiden Pole finden wir auch in uns selbst. Dabei entspricht Shakti der dynamischen weiblichen Energie in uns, deren Ursprung im Wurzelchakra liegt. Shiva, die ruhende, männliche Energie befindet sich im Bereich des Scheitelchakras. Wenn die Kundalini-Shakti erweckt wird, beginnt sie, durch den Sushumna-Kanal aufzusteigen, um sich dann im Scheitelzentrum zu vereinigen. Bei ihrem Aufstieg aktiviert sie die einzelnen Chakren.

Erweckt wird die Kundalini durch Mischung von Prana und Apana. Wenn wir einatmen und den Atem anhalten, gelangt Prana über den Nadi Pingala zum Nabelchakra. Durch unsere Ausatmung und das Anhalten des Atems fließt Apana über den Nadi Ida ebenfalls zum Nabelzentrum. Ihr Zusammentreffen erzeugt ein energetisches Feuer, eine so genannte weiße Hitze. Durch weitere Atemführung und Gedankenkontrolle gelangt die weiße Hitze ins Wurzelchakra und erweckt dort die Kundalini-Energie. Mit Hilfe weiterführender Übungen und der Körperschleusen (siehe Seite 25–27) kann dann die Kundalini nach oben gezogen werden bis sie das Scheitelzentrum erreicht.

Dieser gesamte Vorgang ist ein bewusster Entwicklungsprozess, bei dem die Kundalini-Energie langsam immer höher steigt und gleichzeitig unsere körperlichen und geistigen Blockaden gelöst werden.

Die drei Körperschleusen

Im Kundalini-Yoga benutzen wir unterschiedliche Körperschleusen, auch Bandhas genannt. Es handelt sich hierbei um spezielle Muskeln und Sehnen, mit denen körperliche und feinstoffliche Wirkungen hervorgerufen werden können. Die Körperschleusen beeinflussen beispielsweise unseren Blutkreislauf und den Blutdruck, den Stoffwechsel, die Flüssigkeit zwischen den

einzelnen Körperzellen sowie die Funktionen unserer Nerven.

Wir benutzen im Kundalini-Yoga die Körperschleusen, um den Fluss von Prana und Apana zu steuern. Auf diese Weise leiten wir die Körperenergie von den unteren zu den höheren Chakren. Im Folgenden werden die wichtigsten Körperschleusen (Bandhas) und ihre Wirkungen beschrieben.

25

ENERGETISCHE SYSTEME

Die Wurzelschleuse (Mulabandha)

Bei der Wurzelschleuse werden drei Muskelgruppen gleichzeitig angespannt (siehe auch Seite 27):
- die Muskulatur um den Anus, so als ob wir den Stuhlgang zurückhalten wollen,
- die Muskeln der Blase und der Geschlechtsorgane, wie beim Anhalten des Harndrangs,
- die Bauchmuskulatur unterhalb des Nabels.

Mulabandha aktiviert die Apana-Energie im unteren Bereich des Körpers und am unteren Ende der Wirbelsäule, das heißt, sie zieht diese Kraft von hier hoch in die Bauchhöhle. Gleichzeitig wird die Prana-Energie nach unten geleitet. Jetzt können sich Prana und Apana miteinander vermischen und die Kundalini aktivieren.

Die Zwerchfellschleuse (Uddhyana Bandha)

Bei der Zwerchfellschleuse werden die folgenden beiden Muskelgruppen gleichzeitig angespannt:
- die obere Bauchmuskulatur, wobei sich die Bauchdecke in Richtung Wirbelsäule bewegt,
- das Zwerchfell; es wird – wie beim Ausatmen – nach oben zwischen die Rippen gezogen.

Uddhyana Bandha bringt die Körperenergie weiter nach oben, in den Brustkorb.

Die Nacken- und Kehlkopfschleuse (Jalandhara Bandha)

Bei dieser Schleuse werden zwei Muskelgruppen zusammen angespannt:
- die vordere Halsmuskulatur, indem das Kinn in Richtung zur Brust eingezogen wird,
- die Nackenmuskulatur, wobei die Halswirbelsäule gerade aufgerichtet und der Nacken gestreckt ist.

Jalandhara Bandha transportiert die Energie vom Brustkorb weiter nach oben in den Kopfbereich.

Die große Schleuse (Mahabandha)

Den größten energetischen Effekt können Sie erzielen, wenn Sie alle drei Schleusen gleichzeitig anwenden. Die Verbindung von Wurzel-, Zwerchfell- und Nackenschleuse wird Mahabandha genannt. Alle drei Schleusen werden nacheinander von unten nach oben und dann gleichzeitig angespannt. Durch die große Schleuse bringen wir die Energie in einem Schub von der unteren Wirbelsäule hinauf zu unserem Scheitelpunkt. Die Kraft fließt so vom ersten Chakra bis zum Kronenchakra. Wenn Sie Mahabandha ausführen, können Sie den Effekt dieser Schleuse noch verstärken, indem Sie Ihre Zunge nach hinten rollen und die Zungenspitze gegen den weichen Gaumen drücken. Rollen Sie gleichzeitig die Augen nach oben.

DIE DREI KÖRPERSCHLEUSEN

Eine Studie des Wiener „Instituts für angewandte Biokybernetik und Feedbackforschung" über die Wirkung der Muskulatur der Wurzelschleuse brachte erstaunliche Erkenntnisse. 500 Testpersonen wurden über sechs Wochen hinweg beobachtet, in denen sie besonders die Muskeln um den Anus und die Geschlechtsorgane trainierten. Am Ende wurden folgende Veränderungen festgestellt:

- Verbesserung von Konzentrations- und Lernstörungen,
- Minderung von Schlafstörungen, Depressionen und sexuellen Problemen,
- Ankurbelung des Stoffwechsels und der Hormonproduktion, dadurch gesteigertes Wohlbefinden und mehr Vitalität,
- Verringerung von Menstruationsbeschwerden,
- entspanntes Verhalten in Stresssituationen.

Die Schleusen in der Yogapraxis

In der Yogapraxis ist es vorteilhaft, wenn Sie nach jeder Kundalini-Yoga-Übung die Schleusen auf folgende Weisen benutzen: Am Ende einer Asana atmen Sie tief ein und halten den Atem für circa 30 Sekunden. Dabei spannen Sie kräftig die Muskulatur der Wurzelschleuse an. Danach atmen Sie vollständig aus und halten den Atem ungefähr 30 Sekunden lang aus. Während dieser Zeit spannen Sie Mahabandha (siehe oben) an. Gleichzeitig stellen Sie sich vor, wie Energie und

heilendes Licht vom Wurzelchakra zum Scheitelchakra fließen. Danach atmen Sie wieder ein und entspannen alle Muskeln. Es ist auch möglich, nur die Wurzelschleuse Mulabandha zu benutzen. Besonders bei Übungen, wie zum Beispiel der Kobra, wo Mahabandha nicht ausgeführt werden kann. Ansonsten geht jede Übung im Kundalini-Yoga auch ohne die Körperschleusen.

Um einen Kontakt zur Wurzelschleuse herzustellen, machen Sie folgende Übungen:

1. Setzen Sie sich entspannt hin. Atmen Sie ein, halten Sie den Atem für circa zehn Sekunden an und spannen Sie dabei die Beckenbodenmuskulatur an. Atmen Sie nun wieder aus, halten Sie den Atem ungefähr fünf Sekunden aus und spannen Sie erneut die Beckenbodenmuskulatur an.

2. Während Sie sitzen oder stehen, spannen Sie Ihren Afterschließmuskel und Ihren Blasenschließmuskel mehrmals kurz an. Machen Sie diese Übung ungefähr 100 Mal am Tag.

Die Körperschleusen sind wichtige Instrumente, um die Energie im Körper besser in Fluss zu bringen und in Fluss zu halten. Fließt die Energie ungehindert zur Zirbel- und Hirnanhangsdrüse, werden wichtige Hormone und andere Stoffe freigesetzt. „Glückshormone", Endorphine, steigern unser Wohlbefinden. Außerdem wird das vegetative Nervensystem angeregt und ausgeglichen.

ENERGETISCHE SYSTEME

Die zehn Körper

Nach yogischer Vorstellung besitzt der Mensch nicht nur einen *physischen Körper*, sondern mehrere feinstoffliche Körper, die den physischen Leib umgeben oder ihn auch teilweise durchdringen. Die Ausstrahlung einer Person ist ein Beispiel für das Vorhandensein von feineren Energieformen, die unser Leben mitbestimmen. Im Kundalini-Yoga werden neben dem materiellen Körper noch weitere neun, feinstoffliche Körper beschrieben, die mit den fünf Sinnen nicht wahrnehmbar sind. Jeder von ihnen hat spezielle Aufgaben und kann energetisch gestört sein. Durch Kundalini-Yoga, einschließlich der Meditationsübungen, können wir die Körper positiv beeinflussen und stärken.

Seelenkörper

Dieser Körper stellt den Kontakt zu unserer Seele her, die ein Teil des Unendlichen ist und sich für die Zeit des irdischen Lebens den physischen Körper als Hülle nimmt. Durch den Seelenkörper fühlen wir uns eins mit uns selbst. Wir verstehen andere, haben Einfühlungsvermögen und sind selbstsicher. *Störung:* Hemmungen, mangelndes Vertrauen; Negativität, Schwäche, Depression; Zweifel und Verwirrung. *Stärkung:* Öffnung des Herzzentrums. Sich innerlich aufs Herz konzentrieren und das Herz im Leben mehr sprechen lassen.

Negativ Mind (Negativer Geist)

Der Negativ Mind zeigt uns wie ein inneres Alarmsignal die Gefahren und Nachteile einer Situation auf und versucht uns so zu schützen. *Störung:* Gefahren falsch einschätzen, sich naiv in Projekte stürzen. Zwanghafte Abhängigkeit von Menschen und Dingen. Nur das Negative sehen. Schnelles Aufgeben von Ideen und Zielen. *Stärkung:* Sich klar machen, dass negative Dinge und Situationen auch eine Schutzfunktion haben können. Erkennen, dass negative Aspekte nicht unbedingt zum Aufgeben zwingen, sondern unter Umständen neue Klarheit schaffen für das richtige Handeln.

Positiv Mind (Positiver Geist)

Der Positiv Mind lässt uns die Vorteile einer Situation – auch den kleinsten Lichtblick in verzweifelter Lage – erkennen. Daneben spiegelt er unsere Kreativität wider und ist der Zugang zu unserem Unterbewusstsein. Wenn wir im Positiv Mind sind, solidarisieren wir uns mit anderen Menschen und Probleme werden zu Herausforderungen. *Störung:* Mangel an Scharfsinn. Wir sind unsicher, ob wir unterstützt werden. Die negative Meinung anderer Menschen beeinflusst uns leicht.

28

DIE ZEHN KÖRPER

Stärkung: Sich das Positive in jeder Lebenslage bewusst machen; sich selbst motivieren („Der heutige Tag ist der Beste; er ist der Anfang vom Rest meines Lebens").

Störung: Süchte, Zwänge, sich abhängig fühlen von Genussmitteln, zum Beispiel von Kaffee, Zucker oder Alkohol.
Stärkung: Kundalini-Yoga und Meditation, Sport, gesunde Ernährung, Atemübungen.

Neutral Mind (Neutraler Geist)

Der Neutral Mind stellt die Argumente vom Negativ und Positiv Mind gegenüber und trifft eine ausgleichende Entscheidung. Außerdem bewirkt dieser Körper Feingefühl, Ausgeglichenheit, gutes Organisationstalent und steht für selbstloses Dienen und Demut. Der Neutral Mind ist der Geist der Yogis.
Störung: Mangel an Mitgefühl, ständig Streit, immer Opposition. Schnelle Verletzbarkeit, Entscheidungsschwäche. Wir sind voll von Entschuldigungen. Es wird viel geredet, aber nie gehandelt.
Stärkung: Das Göttliche in allem sehen. Pratyahara: schafft den direkten Zugang zum neutralen Geist und bedeutet das „Zerschlagen" der Negativität (siehe Seite 16).
Das Für und Wider, das gesamte Bild einer Situation in Verbindung mit der eigenen Leistungsfähigkeit erfassen und diskutieren.

Physischer Körper

Der physikalische Körper steht für Flexibilität, Bewegung und Energie. Wir sind im „Fluss". Hervorragend sein, in dem was wir tun. Den eigenen Körper lieben und das Leben bewusst genießen.

Bogenlinie

Dieser „Körper" verläuft oberhalb des Haaransatzes von einem Ohrläppchen bis zum anderen. Die Bogenlinie steht für Gerechtigkeit, Intuition und die eigenen Grenzen, ebenso für Zuversicht und Schutz.
Frauen haben nach yogischer Vorstellung eine zweite Bogenlinie über der Brust, die von Brustwarze zu Brustwarze verläuft. Sie spiegelt Anmut und Klarheit wider und soll während der Schwangerschaft das Kind schützen.
Störung: Begrenztes Denken, schwaches Selbstvertrauen und geringer Selbstwert, gestörte Kommunikation. Der Mensch fühlt sich nirgends richtig zu Hause.
Stärkung: Intensive Meditation auf das Dritte Auge. Verbindung mit dem Unendlichen suchen, statt sich von Gier, Verlangen und den Umständen leiten zu lassen. Bewusst auf die Worte achten, auf die Laute und die Bedeutung der benutzten Worte.

Aura-Körper

Der Ausgangspunkt der Aura ist ein elektromagnetisches Feld, das physikalisch messbar ist und die Grundlage unserer Körperenergie bildet. Die Aura

29

ENERGETISCHE SYSTEME

umhüllt den physischen Körper mit einem Schein, der aus verschiedenen Farben besteht, die ihre individuelle Bedeutung haben. Sie steht für Intelligenz und Unabhängigkeit. Wir können allein sein, ohne uns einsam zu fühlen. Die Aura kann fremde Energien und Informationen aufnehmen, durchlassen und abwehren.
Durch eine starke Aura fühlen wir uns überall wohl, sicher und geschützt.
Störung: Verminderte Urteilskraft, leicht beeinflussbar. Schwierigkeiten haben, die Wünsche anderer abzulehnen. Wir fühlen uns leicht „zerbrechlich". Es fehlt an innerer Sicherheit. Einsiedlerdasein, Vermeidung von Nähe. Wir bauen zum Schutz starke Mauern um uns herum auf.
Stärkung: Alle Armübungen stärken das Nervensystem und die Aura. Weiße Kleidung aus Baumwolle bewirkt eine dreifache Vergrößerung der Aura. Bewusst die Nähe von Menschen suchen. Beim Aufenthalt in der Natur und durch Meditation wird die Aura aufgeladen.

Prana-Körper

Er besteht aus aller Energie, die in Bewegung ist, und kontrolliert das Wechselspiel von Prana und Apana. Der Prana-Körper hält Körper und Seele zusammen. Er lässt das Herz schlagen, bewegt das Zwerchfell, kontrolliert die Körpertemperatur und reinigt das Blut in der Lunge. Er steht für die Ausführung von Entscheidungen. Ist unser Prana-Körper stark, so können wir auf lange Sicht planen.

Die eigene Heilenergie ist stark. Wir reagieren kraftvoll.
Störung: Mangelnde Kreativität, Trägheit und Faulheit. Kritiksucht. Oft schlechte Laune. Angstgefühl im Zwerchfellbereich.
Stärkung: Arbeit mit dem physischen Körper. Das Zwerchfell mit Hilfe von Atemübungen gut trainieren. Pranayama, dabei besonders den Atem aushalten. Viel Feueratem schließt den Pranakörper, zum Beispiel bei Problemen nach langen Flugreisen.

Subtilkörper

Der Subtilkörper umgibt die Seele und speichert wie eine Diskette alle Erfahrungen des Menschen im Laufe seines Lebens. Sowohl Seele als auch Subtilkörper verlassen beim Tod unseren Körper, das heißt, sie sind nach yogischer Vorstellung unsterblich.
Der Subtilkörper steht für Stabilität und Konsequenz. Darüber hinaus verleiht er uns ein tiefes Wissen über die Natur des Menschen, das Leben im Allgemeinen und die Kunst des Loslassens.
Störung: Festhalten an der Form. Das Leben erscheint uns unklar und rätselhaft. Man ist ständig undankbar. Vieles bleibt unerledigt.
Stärkung: Zum Wesentlichen kommen und Dinge zu Ende bringen. Verbindung mit der Unendlichkeit suchen durch Yoga und Meditation. Das Positive bewusst wahrnehmen und Dankbarkeit fürs Leben üben.

Strahlungskörper

Hier sind die Strahlen innerhalb unserer Aura gemeint. Der Strahlungskörper bestimmt die Kraft unserer Ausstrahlung. Das bedeutet, je stärker die Aura ist, umso besser ist die Ausstrahlung. Bei einem starken Strahlungskörper arbeitet ihre bloße Anwesenheit für Sie. Sie haben Charisma und Führungseigenschaften. Ein starker Strahlungskörper bewirkt den „königlichen Mut": Wir vertreten unseren Standpunkt und sind furchtlos.

Störung: Schwache Ausstrahlung und geringe Effektivität im Tun. Fanatismus und Brutalität. Alles- oder Nichts-Denken. Wir vermeiden es, die Führung zu übernehmen.

Stärkung: Durch Yoga-Übungen die Kundalini-Energie aktivieren und auf diese Weise die eigene Ausstrahlung verbessern. Sich ganz bewusst in der Öffentlichkeit zeigen. Selbstverteidigungstechniken erlernen. Sich selbst als eine Person visualisieren, die viel Ausstrahlung besitzt und mutig/selbstbewusst auftritt.

Grundlagen für die Praxis

Richtige Einstimmung

Wählen Sie für die Übungen einen ruhigen, harmonischen Platz, an dem Sie vor Unterbrechungen oder anderen Störungen geschützt sind. Die frühen Morgenstunden, besonders die „Ambrosischen Stunden" vor Sonnenaufgang sind sehr gute Übungszeiten. Denn die Energie im Kosmos ist jetzt sehr stark und positiv und wir selbst sind noch unbelastet vom Tagesgeschehen. Genauso gut kann der frühe Abend für Yoga-Übungen genutzt werden.
Jede Übungsreihe im Kundalini-Yoga beginnt mit dem Singen des Mantras *Ong Namo, Guru Dev Namo*.
Dies heißt übersetzt: „Ich wende mich der Schöpfungskraft in mir zu, ich wende mich der göttlichen Weisheit in mir zu."
Der Begriff *Guru*, der in der westlichen Kultur negativ besetzt ist, stammt aus dem indischen Sanskrit: Gu bedeutet Dunkelheit und Ru bedeutet Licht. Somit ist alles, was uns vom Dunkel zum Licht führt, Guru. Dies kann eine Blume, ein Tier oder auch ein Mensch sein. Sie alle können uns zu einer Erkenntnis, zur Weisheit führen.
Das Mantra wird dreimal gesungen, um uns ganz auf die Yoga-Übungen einzustimmen. Es dient auch dazu, die Gedanken zur Ruhe zu bringen und uns mit der kosmischen Energie und der Spiritualität zu verbinden.
Setzen Sie sich für die Einstimmung in den Schneidersitz. Benutzen Sie als Unterlage eine Wolldecke oder eine Yogamatte. Legen Sie dann Ihre Handflächen vor der Brust aneinander und drücken Sie die Außenseite der Daumen locker gegen den unteren Teil Ihres Brustbeins. An dieser Stelle befindet sich ein Beruhigungspunkt, der „Meer des Friedens" genannt wird.
Schließen Sie die Augen und konzentrieren Sie sich nach innen. Atmen Sie nun tief ein und singen Sie locker und langgezogen *Ong Namo (Ooooonnnng Naaaamoooo)*. Danach atmen Sie wieder ein und singen auf die gleiche Weise *Guru Dev Namo (Guruuuuu Deeev Naaaamoooo)*.
Durch diesen dreimaligen Vorgang werden wir schon am Anfang der Übungen daran erinnert, dass das Ziel von Kundalini-Yoga in uns selbst liegt. Nach diesem meditativen Beginn sind Sie bereit für die Yoga-Übungen.

GRUNDLAGEN FÜR DIE PRAXIS

Richtiges Sitzen

Die Einstimmung wie auch viele Yoga-Übungen werden im Sitzen ausgeführt. Hierfür gibt es einige Sitzhaltungen, die das Üben sehr erleichtern und unterstützen können. Gerade Anfängern fällt das Sitzen aber häufig schwer: Die Beine machen den Eindruck als wären sie zu lang, die Füße sind im Weg, der Rücken schmerzt. Es scheint unmöglich zu sein, jemals den perfekten Yogasitz zu erreichen. Zumal die Muskeln und Sehnen ungeübt und verkürzt sind. Aber schon nach kurzer Zeit des Übens verbessert sich die Sitzhaltung. Wählen Sie aus den angegebenen Haltungen einfach die aus, die Ihnen am bequemsten ist und in der Sie sich innerlich ausgeglichen fühlen. Anfangs muss eine Sitzposition jedoch häufiger gewechselt werden. Später ist es dann ohne Mühe möglich, eine Stunde mit gekreuzten Beinen zu sitzen. Bei jeder sitzenden Haltung ist es wichtig, dass das Becken nach vorne gekippt wird. Hierdurch wird die Wirbelsäule automatisch aufgerichtet und die Haltung wird gerader. Sie können das Vorkippen des Beckens folgendermaßen üben: Setzen Sie sich auf einen Stuhl und rutschen Sie an den vorderen Stuhlrand. Kippen Sie nun Ihr Becken nach vorne. Die untere Wirbelsäule bewegt sich dabei in dieselbe Richtung. (Zuerst werden vielleicht Schmerzen im Rücken entstehen, weil diese gerade Haltung ungewohnt ist.)
Bei jeder angegebenen Sitzhaltung richten wir auf diese Weise unsere Wirbelsäule auf. Die Körperenergie kann so leichter fließen und die Atmung wird vertieft. Üben Sie die folgenden Sitzhaltungen und wechseln Sie zwischen den einzelnen Positionen, wenn eine sitzende Haltung angegeben ist.

Die einfache Haltung

Wir sitzen auf dem Boden und kreuzen unsere Beine. Die Füße liegen dabei unter den Oberschenkeln. Dieser uns bekannte *Schneidersitz* bedarf einiger Unterstützung, damit ein

Die einfache Haltung

RICHTIGES SITZEN

Der Fersensitz

harmonisches Körpergefühl entsteht. Legen Sie dafür ein flaches Kissen unter den hinteren Teil des Gesäßes. Mit diesem kleinen Trick sinken die Knie weiter zum Boden, das Becken kippt mehr nach vorne und die Wirbelsäule wird senkrecht aufgerichtet. Die Arme sind ausgestreckt und die Hände ruhen auf den Knien. Der Oberkörper ist locker und entspannt. Das Kinn wird leicht zur Brust gezogen, damit auch der Nacken gerade ist.

Der Fersensitz

Wenn die einfache Haltung zu anstrengend wird und Verspannungen auftreten, begeben Sie sich in den Fersensitz. Es gibt auch Übungen, die grundsätzlich nur im Fersensitz ausgeführt werden.

Für den Fersensitz knien Sie sich zuerst hin und setzen sich dann bequem auf Ihre Fersen. Das Becken wird wieder nach vorne gekippt. Der Oberkör-

GRUNDLAGEN FÜR DIE PRAXIS

per ist entspannt, der Nacken gerade. Die Hände liegen locker auf den Oberschenkeln.
Der Fersensitz wirkt unterstützend auf unser Verdauungssystem. Darüber hinaus hat der Druck der Hacken auf das Gesäß einen positiven Einfluss auf den Ischiasnerv und aktiviert den Fluss der Lebensenergie.

Der halbe Lotussitz

Diese Position ist eine Abwandlung der einfachen Haltung. Der halbe Lotus ist manchmal erst nach einiger Übung ausführbar. Zwingen Sie Ihren Körper am Anfang nicht in diese Sitzposition. Sie sollten sich dabei wohl fühlen!

Wir sitzen wieder auf dem Boden. Die Beine werden gekreuzt. Legen Sie jetzt vorsichtig einen Fuß auf den gegenüberliegenden Oberschenkel. Frauen bringen ihren linken Fuß auf den rechten Oberschenkel. Bei Männern ruht der rechte Fuß auf dem linken Oberschenkel. Durch diese Position gelangen die Knie näher zum Boden und das Becken wird nach vorne gebracht. Der Oberkörper ist entspannt, der Nacken wieder gerade. Die Hände liegen locker auf den Knien.
Der halbe Lotussitz, der auch Yogasitz genannt wird, ist die grundlegende Sitzhaltung. Streben Sie diese Haltung als Übungsziel an. Denn so können die Körperenergien optimal fließen.

Der doppelte Lotussitz

Diese Haltung ist der Sitz der Yogis. Die Beine werden wieder gekreuzt. Nun die beiden Füße auf die gegenüberliegenden Oberschenkel legen. Bei Frauen ruht das linke Bein über dem rechten. Für Männer ist es genau umgekehrt. Beim doppelten Lotussitz kippt das Becken automatisch nach vorne und die Wirbelsäule richtet sich senkrecht auf. Das Kinn wird wieder leicht zur Brust gezogen. Der Oberkörper ist entspannt und die Hände ruhen locker auf den Knien. Auf Anfänger wirkt diese Position eher wie eine akrobatische Vorführung. Sie ist aber eine besonders effektive Haltung für Meditationsübungen. Je weiter Sie mit den Übungen fortschreiten, umso mehr erhöht sich auch Ihre Beweglichkeit bei den einzelnen Sitzhaltungen.

Der halbe Lotussitz

Richtige Atmung

Viele Menschen atmen zu flach und paradox. Besonders Frauen lernen in ihrer Erziehung: Bauch rein und Brust raus. In dieser Haltung richtig zu atmen ist fast unmöglich. Beim normalen Atemvorgang atmen wir durch die Nase ein und aus. Die Wirbelsäule muss aufrecht sein, damit der Atem optimal fließen kann. Ebenso wichtig ist es, immer vollständig auszuatmen. Wenn wir einatmen, senkt sich das Zwerchfell nach unten, die Lungen öffnen sich und dehnen sich aus. Dabei werden zuerst Unterleib und Bauchdecke nach vorne gewölbt. Danach dehnt sich der seitliche und zum Schluss der obere Brustkorb.

Bei der Ausatmung wird der Bauch eingezogen, das Zwerchfell gleitet wieder nach oben, die Lungen werden leicht zusammengepresst und der Brustkorb senkt sich.

Dieser normale Atemvorgang wird durch falsche Erziehung oder Stresssituationen zur paradoxen Atmung. Der ungünstigste Fall liegt vor, wenn Sie bei der Einatmung den Bauch einziehen, weil sich dann die Lungen nicht mehr vollständig ausdehnen können. Ähnlich ist es bei Stress: hier wird die Atmung häufig oberflächlich, das heißt, wir atmen hauptsächlich in den oberen Brustkorb ohne die Bauchatmung zu benutzen. In beiden Fällen wird eine optimale Sauerstoffversorgung des Körpers behindert. Im Kundalini-Yoga werden die einzelnen Übungen immer mit einer Atemtechnik verbunden. Die beiden Hauptformen der Atmung sind hierbei der lange, tiefe Atem und der Feueratem. Ihre Wirkungen finden Sie im Kapitel über die Lungen ausführlich beschrieben (siehe Seite 65/66).

Für die richtige Ausführung beider Atemtechniken folgen jetzt einige praktische Hinweise.

Der lange, tiefe Atem

Legen Sie sich entspannt auf den Rücken. Nehmen Sie ein mittelschweres Buch und legen Sie dieses Buch auf Ihren Bauch. Jetzt atmen Sie lang und tief ein und bewegen mit Ihrer Bauchdecke das Buch nach oben. Danach lassen Sie ganz leicht Luft in den Brustkorb einströmen. Beim langsamen Ausatmen sinkt das Buch wieder zurück und der Brustkorb entspannt sich automatisch. Einatmen und Ausatmen sind gleich lang, wobei die Länge der Atemzüge von Ihrem Wohlbefinden abhängt.

Üben Sie diesen Vorgang für einige Minuten. Bleiben Sie dabei locker und entspannt und vermeiden Sie unbedingt zu verkrampfen. Mit dieser Übung erlernen Sie relativ schnell den langen und tiefen Atem. Sie setzen dann später im Alltag ganz von selbst diese Bauchatmung ein.

Der lange, tiefe Atem unterstützt uns bei den Yogaübungen und verstärkt außerdem deren positive Wirkungen.

GRUNDLAGEN FÜR DIE PRAXIS

Der Feueratem

Bei dieser Atemtechnik erzeugen wir einen schnellen, kraftvollen Atem. Dabei atmen wir wieder durch die Nase – ungefähr einmal ein und aus pro Sekunde. Bei einiger Übung kann die Atemfrequenz noch erhöht werden. Der Feueratem ist vergleichbar mit einem Blasebalg.

Wichtig

Beachten Sie beim Feueratem unbedingt die folgenden Regeln:
- *Die Einatmung muss genauso lang sein wie die Ausatmung.*
- *Beim Einatmen wird der Bauch rausgedrückt und beim Ausatmen kraftvoll wieder eingezogen.*
- *Der Brustkorb bleibt vollkommen entspannt. Das Kinn ist leicht zur Brust gezogen.*
- *Zu Beginn des Feueratems wird tief eingeatmet, dann folgt die erste kraftvolle Ausatmung.*

Um den Feueratem kennen zu lernen, beginnen Sie mit der folgenden Übung:

1. Setzen Sie sich in die einfache Haltung auf den Boden. Die Wirbelsäule ist gerade. Legen Sie dann eine Hand auf Ihren Bauch und die andere Hand auf Ihren Brustkorb. Ein- und Ausatmung erfolgen wieder durch die Nase.

2. Atmen Sie nun tief in den Bauch und danach in den Brustkorb ein. Der Brustkorb bleibt ab jetzt etwas angehoben, aber unbeweglich. Atmen Sie aus, indem Sie Ihren Bauch schnell einziehen. Drücken Sie jetzt den Bauch wieder schnell nach außen und atmen Sie dabei ein. Wiederholen Sie diese kraftvolle Pumpbewegung am Anfang langsam und später etwas schneller.

Während sich die Hand auf Ihrem Bauch hin- und herbewegt, bleibt die Hand auf dem Brustkorb ruhig liegen. Konzentrieren Sie sich beim Feueratem etwas mehr auf das Ausatmen. So bleiben Sie locker und entspannt. Wenn Sie sich dennoch überfordert fühlen, sollten Sie ganz ruhig weiteratmen und danach von Neuem beginnen. Üben Sie diese Atemtechnik am Anfang ungefähr eine Minute. Der Feueratem ist zwar eine ungewohnte Atemform, doch wenn Sie sich erst einmal daran gewöhnt haben, werden Sie ihn lieben lernen. Yogis schätzen ihn, weil er schnell die Lebensenergie erhöht und einen klaren Kopf macht.

Bei den Übungen, wo der Feueratem angegeben ist, halten Sie solange durch, wie es für Sie angenehm ist. Atmen Sie sonst immer zwischendurch ruhig weiter. Nach einiger Zeit der Übung hilft Ihnen der Feueratem sogar, eine Position länger und konzentrierter auszuführen.

Bei Yogaübungen, wo keine dieser beiden Atemformen angegeben ist, wird der Bewegungsablauf mit der Atmung koordiniert: Wenn ein Körperbereich angespannt wird, atmen wir ein. Bei der folgenden Entspannung der Region wird ausgeatmet. Sie halten zum Beispiel die Arme senkrecht nach oben und atmen ein. Wenn Sie die Arme wieder absenken, atmen Sie aus.

Richtiges Üben

Jede Yogaübung ist aus drei Aspekten zusammengesetzt. Dies sind die Körperhaltung, die Atemführung und die begleitende innere Konzentration. Beachten Sie beim Üben die folgenden allgemeinen Richtlinien und Empfehlungen.

Körperhaltung

1. Machen Sie besonders als Anfänger oder Anfängerin keine schnellen, abrupten Bewegungen. Besser – auch für die Wirbelsäule – sind hier langsame, bewusste und funktionelle Bewegungen. Schnelle Übungen sind dann sinnvoll, wenn sie bewusst mit dem Atem, zum Beispiel Feueratem, unterstützt werden.

2. Achten Sie immer auf Ihr Körpergefühl und nehmen Sie die Reaktionen Ihres Körpers, insbesondere Schmerzen ernst. Üben Sie grundsätzlich nur solange, wie es Ihnen gut tut.

3. Ein Schmerz muss immer als Warnsignal des Körpers beachtet werden.

4. Ein Dehnungsschmerz tritt meistens in untrainierten, verkürzten Muskeln und Sehnen auf. Er zeigt an, dass hier langsam aufbauend mehr getan werden muss. Im Gegensatz dazu weisen Schmerzen in einem Gelenk oder Organ, meist stechend, auf Überbelastung oder Krankheit hin. Diese Zeichen dürfen nie übergangen werden! Gehen Sie sofort aus der Übung heraus und entspannen Sie sich.

5. Aufwärmübungen lockern die Muskulatur. Benutzen Sie zum Beispiel einige Übungen aus der Reihe für die Wirbelsäule (siehe Seite 49–55), um die Muskulatur zu dehnen und zu strecken. Leichtes Laufen, Springen, Hüpfen oder Tanzen ist ebenfalls gut zum Aufwärmen geeignet.

6. Jede Übung dauert zwischen ein bis drei Minuten, abhängig von den individuellen Möglichkeiten. Je mehr Sie üben, umso länger können Sie eine Übung durchhalten. Zwischen den Übungen unbedingt entspannen; dies gilt besonders für Anfänger/Anfängerinnen. Dies kann im Liegen oder im Sitzen geschehen und einige Sekunden bis zu einer Minute andauern.

7. Optimal ist es, eine Übungsreihe vollständig auszuführen. Hetzen Sie aber nicht durch die Übungen, um alles zu schaffen. Verkürzen Sie stattdessen die Übungszeiten, sodass Sie in einem harmonischen Rhythmus bleiben. Sie können auch einzelne Übungen benutzen, wenn Sie spontan etwas zum Beispiel für Ihre Wirbelsäule oder Ihre Augen tun wollen.

8. Bei Vorschädigungen der Wirbelsäule, insbesondere bei Bandscheibenschäden und Ischiasproblemen, beginnen Sie äußerst behutsam. Treten akute Probleme und Schmerzen auf, ist Entspannung zuerst besser als Yoga.

9. Die Bauchmuskulatur ist bei den meisten anfangs erschlafft oder verkrampft. Durch bestimmte Yogaübungen wird sie mit der Zeit gut aufge-

GRUNDLAGEN FÜR DIE PRAXIS

baut. Bis zur Kräftigung der Bauchmuskeln legen Sie beim Beinheben in der Rückenlage die Hände unter das Gesäß (Handflächen nach unten). Hierdurch vermeiden Sie zusätzlich ein Hohlkreuz.

10. Frauen sollen während ihrer Menstruation keine Bauchmuskelübungen und keinen Feueratem machen, weil dadurch die Regelblutung verstärkt werden kann. Führen Sie die angegebenen Übungen grundsätzlich nur mit langem und tiefem Atem aus!

11. Probieren Sie besonders Übungen aus, die Ihnen schwerfallen. Sie werden dadurch herausgefordert und stärken gleichzeitig Bereiche, denen Sie bisher zu wenig Aufmerksamkeit geschenkt haben.

12. Es ist wichtig, mindestens eine Stunde vor den Yogaübungen nichts mehr zu essen. Ein voller Bauch erzeugt Unwohlsein während der Übungen.

13. Trinken Sie viel stilles Wasser zwischen den einzelnen Übungen. Dadurch werden die gelösten Giftstoffe besser ausgeschieden.

14. Freude und Spaß gehören ebenfalls zum Yoga. Sie brauchen also nicht immer völlig ernst und verklärt zu üben – Lachen und Stöhnen sind erlaubt! Sie können im Yoga viel leisten, aber vergessen Sie jede Art von Leistungsgedanken.

Atemführung

1. Langes, tiefes Atmen und Feueratem versorgen den Körper während der Übungen optimal mit Sauerstoff und vermeiden Muskelkater.

2. Beachten Sie die angegebene Atemform. Wenn Sie Atemprobleme haben, müssen Sie vorsichtig beginnen. Atmen Sie niemals verkrampft und flach, um eine Übung durchzustehen. Es ist dann besser, zu entspannen und danach die Übung fortzusetzen.

3. Atmen Sie immer durch die Nase, außer es ist eine andere Art der Atmung angegeben.

4. Atmen Sie am Ende einer Übung nochmals tief ein, halten Sie kurz den Atem an und atmen Sie dann wieder vollständig aus.

Innere Konzentration

1. Halten Sie die Augen während des Yogas geschlossen, um sich auf die inneren Prozesse zu konzentrieren. Die Körperwahrnehmung wird dadurch verbessert.

2. Bei den meisten Übungen im Kundalini-Yoga schauen wir auf das *Dritte Auge*. Dazu werden die Augen nach oben gerollt und der Blick ist zwischen die Augenbrauen gerichtet. Schauen Sie immer nur so lange auf das Dritte Auge, wie Sie sich wohl fühlen. Es kann sonst leicht ein Kopfdruck entstehen.

Die Konzentration auf das Dritte Auge wirkt auf das Drüsensystem und verbessert unsere Intuition.

3. Kombinieren Sie die Atmung mit der Konzentration auf ein Mantra. Denken Sie zum Beispiel *Sat* (Wahrheit) beim Einatmen und *Nam* (Identität) beim Ausatmen. Dies ermöglicht ein tieferes Einlassen auf die Übung und stärkt das Durchhaltevermögen.

Richtige Entspannung

Nach jeder Yoga-Übungsreihe folgt eine tiefe Entspannung, die ungefähr 10 bis 15 Minuten dauert. Lassen Sie die Entspannungsphase niemals aus, weil Sie vielleicht keine Zeit mehr haben. Während der Ruhephase entspannen sich die Muskulatur, die Wirbelsäule und auch die Organe. Außerdem wird die aktivierte Energie im Körper verteilt. Die Tiefenentspannung kann in Stille stattfinden. Es ist auch möglich, dass Sie eine ruhige Entspannungs- oder Meditationsmusik dabei abspielen.

Die yogische Entspannung (Savasana)

Die yogische Entspannung hat folgenden Ablauf:
1. Legen Sie sich entspannt auf den Rücken und decken Sie sich mit einer Decke zu. Der Kopf liegt flach auf dem Boden. Die Augen sind geschlossen. Die Arme liegen direkt neben dem Körper, mit den Handflächen nach oben. Die Fersen liegen aneinander und die Füße fallen locker nach außen. Das Kinn wird leicht zur Brust gezogen, damit der Nacken gestreckt ist.
2. Gehen Sie jetzt mit Ihrer Konzentration zu Ihrem Atem. Stellen Sie sich vor, wie Sie sich mit jedem Atemzug immer mehr und immer tiefer entspannen. Wandern sie mit Ihren Gedanken durch den Körper und entspannen Sie dabei bewusst die einzelnen Körperteile. Beginnen Sie bei den Füßen und gehen Sie etappenweise aufwärts bis zur Kopfhaut. Lassen Sie jeden Körperbereich bewusst los, bis Sie Ihren gesamten Körper immer weniger spüren. Danach „entspannen" Sie auch Ihre Gedanken. Sie können sich beispielsweise vorstellen, dass die Gedanken wie Wolken am Himmel an Ihnen vorbeiziehen.

Die fünf Aufwachübungen

Am Ende der Entspannung lösen Sie sich von allen inneren Bildern und Eindrücken. Machen Sie nacheinander fünf leichte Übungen, um die Entspannung bewusst abzuschließen und vollkommen wach zu werden:
1. Atmen Sie mehrmals tief ein und aus. Dadurch wird Ihr Kreislauf angeregt.
2. Strecken und recken Sie sich. Dabei auch die Arme nach hinten über den Kopf strecken. Auf diese Weise wird das Nervensystem wieder aktiviert.
3. Machen Sie die Katzenstreckung: Der rechte Arm wird nach oben über den Kopf gestreckt. Die Schultern bleiben am Boden. Ziehen Sie nun das rechte Knie an und kippen Sie das Becken sowie das rechte Bein zur linken Seite. Das rechte Knie berührt über dem ausgestreckten linken Bein hinweg den Boden. Der rechte Fuß liegt an der Außenseite des linken Knies. Bleiben Sie kurz in dieser Position. Wechseln Sie danach die Seite.

GRUNDLAGEN FÜR DIE PRAXIS

Katzenstreckung

Diese Übung richtet die Wirbel der unteren Wirbelsäule.
4. Reiben Sie die Handflächen und die Fußsohlen aneinander. Hierdurch wird Ihr Kreislauf weiter in Gang gebracht und neue Energie aktiviert.
5. Umgreifen Sie Ihre Unterschenkel und rollen Sie mehrmals vorsichtig auf der Wirbelsäule vor und zurück. Diese Übung massiert die Rückenmuskulatur.
Der Boden oder die Unterlage sollte weich und eben sein.

Am Ende kommen Sie zum Sitzen – völlig vital, wach und gelöst. Nach jeder Yoga-Übungsreihe folgt im Kundalini-Yoga traditionell eine Meditation. Hierzu wählen Sie sich jeweils eine der Übungen aus, die im Kapitel Meditationen beschrieben sind (siehe Seite 142 bis 152).

Richtiger Ausklang

Am Ende jeder Kundalini-Yoga-Übungsreihe und der anschließenden Meditation singen wir ein Lied und ein Mantra, um uns wieder auf den Alltag einzustimmen. Es ist auch eine letzte Erinnerung daran, was Yoga für uns bedeutet und wofür wir es ausüben. Das Lied lautet folgendermaßen:
„May the long time sun shine upon you, all love surround you.
And the pure light within you, guide your way on."
„Möge die ganze Zeit Sonne auf dich scheinen, alle Liebe dich umgeben. Und das reine Licht in dir, dich auf deinen Weg führen."
Als endgültigen Abschluss singen wir noch dreimal langgezogen das Mantra „Sat Nam", welches uns bewusst macht, dass es immer um die wahre Identität geht. Das Yoga ist nun vollbracht. Die Welt erwartet uns – auf zu neuen Taten!

Kundalini-Yoga in der Praxis

KUNDALINI-YOGA IN DER PRAXIS

Allgemeine Wirkungen

Im Yoga arbeiten wir an der Verbindung von Körper, Geist und Seele. Jede Yoga-übung beeinflusst diese drei Aspekte. Sie werden deshalb die Wirkungen immer in ihrer Gesamtheit spüren. Wenn beispielsweise eine Übung auf die Wirbelsäule einwirkt, so stimuliert sie gleichzeitig das Nervensystem. Infolge des körperlichen Wohlbefindens gewinnen Sie mehr Lebensenergie und ein positives Lebensgefühl.

Im Folgenden werden die wichtigsten Wirkungen von Kundalini-Yoga auf Körper, Geist und Seele genannt:

Körperliche Wirkungen

- Dehnung, Kräftigung und Lockerung der Muskulatur
- Aufrichtung der Wirbelsäule und Verbesserung der Körperhaltung
- Lösung von Ablagerungen an Gelenken und Muskeln
- Stärkung des Nerven- und Drüsen-systems
- Stabilisierung des Blutkreislaufs
- Intensivierung der Organdurch-blutung
- Kräftigung des Herzmuskels
- Neubildung von aktiven kleinen Blutgefäßen
- Das Blut wird dünnflüssiger
- Aktivierung der Verdauungs-organe
- Verbesserung der Atmung
- Anregung der Entgiftungsleistung von Leber, Lunge, Nieren und Haut

- Schnellere Ausscheidung von Gift-stoffen
- Stärkung der Abwehrkräfte
- Verbesserung des Gleichgewichts-sinns und des Körperbewusstseins

Geistige Wirkungen

- Lösung von nervösen Muskelver-spannungen
- Abbau von Stress
- Aufgabe von schlechten Gewohn-heiten und Süchten
- Erhöhung der Ausdauer
- Stärkung der Durchsetzungskraft
- Steigerung der Konzentrationsfähig-keit und Verbesserung des Gedächt-nisses
- Klarheit der Gedanken
- Gleichgewicht zwischen rechter und linker Gehirnhälfte in Bezug auf ihre Aktivität

Seelische Wirkungen

- Innere Ruhe und heitere Gelassen-heit
- Minderung von Ängsten
- Vertrauen in die eigenen Kräfte und Fähigkeiten
- Flexibilität in wechselnden Lebens-lagen
- Erhöhung der Kreativität
- Freude und Mitgefühl
- Mehr Selbstvertrauen
- Höhere Selbstachtung

ALLGEMEINE WIRKUNGEN

Wie kommen die Wirkungen zustande?

Im Kundalini-Yoga üben wir nach dem Prinzip von Winkel, Spannung und Atem. Das heißt, bei jeder Übung bringen wir unseren Körper in einen bestimmten Winkel; zum Beispiel indem die Beine um 60 Grad angehoben oder die Arme parallel zum Boden ausgestreckt werden. Durch die besondere Haltung wird in uns eine Spannung erzeugt, die auf einen Bereich und eine spezielle Gruppe von Muskeln begrenzt ist. (Häufig werden solche Muskeln beansprucht, die im Alltag selten benutzt oder aktiviert werden.) Unser Körper reagiert darauf, indem er dieses Gebiet stärker durchblutet und so mit mehr Sauerstoff und Energie versorgt. Um diesen Prozess zu unterstützen, ist es wichtig, während einer Yogaübung intensiv zu atmen.

Nach einer Yogaposition kommt es zu einer tiefen Entspannung der betreffenden Muskulatur, die noch lange erhalten bleibt. Dise wiederum bewirkt reflektorisch eine Entspannung der zugehörigen Organe und Körpersysteme. Aus diesem Grund ist es sinnvoll, zwischen den einzelnen Übungen kurz zu entspannen. Die Tiefenentspannung am Ende einer Übungsreihe sorgt für einen Ausgleich der Energien in unserem Körper.

Je mehr Verspannungen und Blockaden wir in unserem Körper lösen, umso freier kann unsere Lebensenergie fließen. Auf diese Weise gewinnen wir neue Tatkraft und innere Dynamik. Die frei werdende Energie benutzen wir in Meditationsübungen dazu, das Bewusstsein zu erweitern. Mit einem entspannten Rücken und einer inneren Zufriedenheit ist der Zugang zu unserem inneren Wesenskern um ein Vielfaches leichter.

Kundalini-Yoga ist dynamisch und wirkt äußerst energetisierend. Es fordert uns heraus, über körperliche Grenzen zu gehen, und unser Durchhaltevermögen wird geprüft. Niemals jedoch wird Yoga eine olympische Disziplin werden, bei der Sie eine Goldmedaille gewinnen können. Darüber hinaus ist Kundalini-Yoga auch ein individueller Prozess, der jeden einzelnen Menschen auf eine besondere Weise fordert und fördert.

Die Übungsreihen

Die im nächsten Kapitel beschriebenen elf Übungsreihen wirken heilend auf das entsprechende Körpersystem, indem sie die Organfunktion, zum Beispiel des Herzens, verbessern und gleichzeitig die Energie in diesem Bereich frei fließen lassen. Zusätzlich beeinflusst jede Übungsreihe den gesamten Körper und unsere Vitalität. Sie können die einzelnen Übungsreihen auch in unregelmäßiger Abfolge üben. An einem Tag haben Sie Lust, beispielsweise etwas für Ihre Wirbelsäule zu tun. An einem anderen Tag fühlen Sie, dass Ihr Verdauungssystem eine Stärkung nötig hätte. Eine bessere Wirkung erzielen Sie jedoch, wenn Sie eine Übungsreihe in einem bestimmten Rhythmus ausführen.

In vielen alten, uns überlieferten Schriften werden Übungsperioden

KUNDALINI-YOGA IN DER PRAXIS

von 40 Tagen, 90 Tagen und drei Jahren genannt. Üben Sie eine Yogareihe für 40 Tage, so ersetzen Sie eine alte Gewohnheit durch eine neue. Das betreffende Organ wird zum Beispiel auf neue, gesündere Weise funktionieren und reagieren. Eine weitere Herausforderung ist es, die Übungen für 90 Tage fortzusetzen. Nach dieser Zeit wird die neue Reaktionsweise fest in ihnen verwurzelt. Machen Sie schließlich eine Übungsreihe oder eine Meditation regelmäßig drei Jahre lang, so verändern sie sich grundlegend und dauerhaft. Die einzelnen Übungen in diesem Buch basieren auf den Lehren von Yogi Bhajan. Die Übungsreihen sind vom Autor speziell nach gesundheitsfördernden Aspekten zusammengestellt und erläutert worden. Beginnen wir nun mit der Praxis. Am Anfang aller Erleuchtung steht das Üben. Auch im Kundalini-Yoga fallen die Meister nicht vom Himmel. Deshalb ist es gerade für Anfänger besonders wichtig, regelmäßig zu üben. Schon eine halbe Stunde Kundalini-Yoga pro Tag verbessert Ihr Energiepotential und Ihre Gesundheit schlagartig. Die liebevolle Zuwendung zu unserem Körper und der positive Einfluss auf unser Gemüt wird schnell mit mehr Vitalität und größerer Lebensfreude belohnt.

Die Wirbelsäule –
innere und äußere Haltung

Vielleicht hat gerade Ihr Rücken Sie veranlasst, dieses Buch zu kaufen, um damit Yoga zu erlernen. Rückenschmerzen und Probleme mit der Wirbelsäule sind sehr weit verbreitet. Überlegen Sie nur einmal kurz, wie viel Zeit Ihres Tages Sie sitzend verbringen: Am Arbeitsplatz, im Auto, vor dem Fernseher. Erinnern Sie sich auch, wie beweglich Sie als kleines Kind waren. Die Wirbelsäule ist verantwortlich für unsere Haltung. Sie besteht aus sieben Halswirbeln, zwölf Brustwirbeln, fünf Lendenwirbeln, dem Kreuzbein und dem Steißbein. Zwischen den Wirbeln der Hals-, Brust- und Lendenwirbelsäule befindet sich jeweils eine Bandscheibe. Zusätzlich gibt es im Bereich unseres Rückens ungefähr 200 Muskeln und diverse Bänder.

Zwischen den Wirbeln verläuft das Rückenmark. Seitlich der einzelnen Wirbel treten die Rückenmarksnerven aus, welche die verschiedenen Rückenabschnitte und die dazugehörigen Organe versorgen. So sind zum Beispiel die drei oberen Brustwirbel mit der Lunge und dem Herz über Nervenbahnen verbunden. Dies bedeutet, dass Übungen für die obere Brustwirbelsäule auch das Herz und die Lunge in ihren Funktionen positiv beeinflussen. Die oberflächlich liegenden Muskeln im Bereich der oberen Wirbelsäule haben die Tendenz zur Erschlaffung und benötigen Halteübungen wie zum Beispiel das Rückwärtskreisen der Arme im Stehen und Sitzen. Im Vergleich dazu neigen die tiefliegenden Muskeln im unteren Abschnitt der Wirbelsäule zur Verkürzung. Das heißt, sie brauchen Dehnungsübungen wie etwa das Halten der Fußzehen mit den Händen bei ausgestreckten Beinen.

Eine Hauptursache für viele Gesundheitsstörungen sind die Fehlhaltung der Wirbelsäule und die damit verbundenen Muskelverspannungen. Eine nach vorne geschobene Kopfhaltung – „die Huhnhaltung" –, wie man sie häufig bei kurzsichtigen Menschen findet, erzeugt Sehstörungen und Kopfschmerzen. Der „Buckel" oder Rundrücken wiederum bewirkt Atemprobleme und funktionelle Herzbeschwerden. Das Hohlkreuz schließlich fördert zusammen mit einer erschlafften oder verspannten Bauchmuskulatur Darmbeschwerden, Menstruationsprobleme und Ischiasschmerzen. Je dicker und aufgeblähter unser Bauch ist, umso mehr zieht er die Wirbelsäule nach vorne und unterstützt dadurch die Entstehung von Rückenschmerzen.

Der Zustand der Wirbelsäule hat auch viel mit unserer inneren Haltung zu tun. Ausdrücke wie *sich für etwas krumm machen, kein Rückgrat haben, sich verbiegen, vom Leben gebeugt sein, etwas lastet auf unseren Schultern,* weisen auf diese Verbindung hin.

KUNDALINI-YOGA IN DER PRAXIS

> **TIPP**
>
> *So vermeiden Sie Rückenschmerzen:*
> - *Kippen Sie Ihr Becken beim Sitzen möglichst immer nach vorne, dies ermöglicht Ihnen eine gerade Haltung und entlastet Ihren Rücken.*
> - *Setzen Sie sich gerade hin, beim Essen, beim Arbeiten oder gerade jetzt beim Lesen. Eine gebeugte Arbeits- und Sitzhaltung raubt uns Energie und bringt die Bandscheiben unter Druck.*
> - *Am besten ist das so genannte „dynamische Sitzen". Hierbei bewegt man sich mit aufgerichteter Wirbelsäule – auch im Sitzen – um sein Körperlot nach vorn, nach hinten und zur Seite.*
> - *Gehen Sie beim Heben in die Knie und tragen Sie schwere Gegenstände oder Einkaufstaschen immer beidseitig.*
> - *Zu weiche Matratzen und zu hohe Kissen austauschen, denn sie nutzen unsere Bandscheiben durch falsche Belastungen und zu hohen Druck mit den Jahren ab.*

Psychische Belastungen tragen wir häufig auf unserem Rücken herum. Gerade die duldsamen Menschen, die sich schwer wehren können, haben meist „einen Bären" auf dem Rücken sitzen. Wenn wir uns dagegen innerlich aufrichten, dann strecken wir auch unsere Wirbelsäule. Starrsinn und Hartnäckigkeit jedoch führen oft zu Nackenproblemen. Ischias und Hexenschuss wiederum sind häufig ein Zeichen von Stress und Überlastung. Eine gute Haltung bewirkt, dass mehr Energie vom Rückenmark zum Gehirn fließen kann. Dadurch leben wir bewusster und übernehmen mehr Verantwortung für unser Leben. Und wenn wir uns innerlich aufrichten, werden wir wirklich *aufrichtig*.

Die Yogis sagen: „Das Alter des Menschen zeigt sich an der Beweglichkeit seiner Wirbelsäule." Mit einer beweglichen und geraden Wirbelsäule fühlen wir uns jung und beschwingt bis ins hohe Alter. Besonders die folgenden Übungen für die Wirbelsäule werden Ihre Vitalität schnell verbessern und Ihr Leben nachhaltig positiv verändern.

Übungen für die Wirbelsäule

Machen Sie jede Übung ein bis drei Minuten, wenn keine andere Zeit angegeben ist. Konzentrieren Sie sich während der Übungen innerlich auf das Mantra *Sat Nam*. Nach jeder Übung entspannen Sie sich für einen kurzen Moment. Die Ausgangspositionen sind auf den Seiten 34 bis 36 beschrieben.

Übung 1
Kamelritt

Ausgangsposition: Einfache Haltung
Ablauf: Ergreifen Sie mit beiden Händen Ihre Fußgelenke. Biegen Sie nun beim Einatmen die Wirbelsäule nach vorne. Dabei hebt sich die Brust nach oben (Abb. 1).
Beim Ausatmen bewegen Sie die Wirbelsäule nach hinten. Die Brust wird leicht eingedrückt (Abb. 2).
Halten Sie den Kopf während der gesamten Übung gerade und aufrecht.
Ende: Einatmen, noch einmal ganz vorstrecken, ausatmen, entspannte Position einnehmen.
Wirkung: Diese Übung lockert die gesamte Wirbelsäule und den Schultergürtel.

Abb. 1

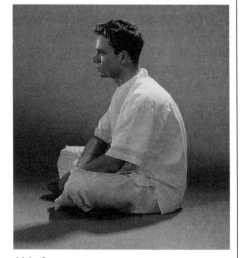

Abb. 2

KUNDALINI-YOGA IN DER PRAXIS

Abb. 3

Abb. 4

Übung 2

Ausgangsposition: Einfache Haltung
Ablauf: Machen Sie Fäuste und verschließen Sie dabei den Daumen mit den Fingern. Bringen Sie nun beim Einatmen die Fäuste vor der Brust zusammen (Abb. 3). Beim Ausatmen strecken Sie die Arme kraftvoll zur Seite aus, parallel zum Boden (Abb. 4).

Ende: Einatmen, Fäuste vor der Brust; ausatmen, Hände entspannen.
Wirkung: Die Muskulatur der Brustwirbelsäule und der Schulterblätter wird gekräftigt. Das Nervensystem, das Herz und die Lunge werden gestärkt.

Übung 3

Ausgangsposition: Einfache Haltung
Ablauf: Legen Sie die Hände auf die Schultern: Die Daumen zeigen nach hinten, die anderen Finger nach vorne. Drehen Sie nun beim Einatmen den Oberkörper nach links (Abb. 5), mit dem Ausatmen nach rechts. Bewegen Sie den Kopf jeweils mit zur Seite. Konzentrieren Sie sich auf das Dritte Auge.
Ende: In der Mitte ein- und wieder ausatmen; Arme entspannen.
Wirkung: Die Brust- und Rückenmuskulatur wird gekräftigt, das Nervensystem, das Herz und die Lungen werden gestärkt.

Abb. 5

ÜBUNGEN FÜR DIE WIRBELSÄULE

Übung 4

Ausgangsposition: Im Stehen
Ablauf: Die Füße stehen etwa 15 Zentimeter auseinander. Heben Sie beim Einatmen die gestreckten Arme senkrecht über den Kopf; die Handflächen zeigen nach oben (Abb. 6). Dann den Oberkörper leicht nach hinten neigen. Mit dem Ausatmen beugen Sie den Oberkörper aus der Hüfte heraus nach unten, sodass die Handflächen den Boden berühren. Die Beine bleiben dabei gestreckt (Abb. 7).
Ende: Einatmen, die Arme sind gestreckt über dem Kopf; ausatmen und Arme entspannen.
Wirkung: Die Muskulatur der Brust- und Lendenwirbelsäule sowie Bein- und Beckenmuskulatur werden gestärkt. Das Herz und die Lunge werden angeregt.

Abb. 7

Abb. 6

Übung 5

Ausgangsposition: Im Stehen
Ablauf: Strecken Sie die Arme seitlich parallel zum Boden aus. Die Handflächen zeigen nach unten. Drehen Sie beim Einatmen den Oberkörper nach links (Abb. 8), mit dem Ausatmen nach rechts. Der Kopf bewegt sich mit zur jeweiligen Seite.
Ende: Einatmen in der Mitte, dabei Arme parallel zum Boden halten; ausatmen und Arme entspannen.

51

KUNDALINI-YOGA IN DER PRAXIS

Abb. 8

Abb. 9

Abb. 10

Wirkung: Die Übung kräftigt die Muskulatur der Brust- und Lendenwirbelsäule. Das Nervensystem, das Herz und die Lungen werden aktiviert.

Übung 6

Ausgangsposition: Einfache Haltung
Ablauf: Strecken Sie beim Einatmen die Arme senkrecht hoch. Machen Sie dabei mit den Händen eine Faust (Abb. 9). Beim Ausatmen öffnen Sie die Hände und bringen sie in Schulterhöhe. Die Handflächen zeigen nach vorne (Abb. 10).

Ende: Einatmen, dabei die Arme hochstrecken; ausatmen und die Arme entspannen.
Wirkung: Diese Übung kräftigt die Brustwirbelsäule und den Schultergürtel, stärkt den Ischiasnerv und regt den Blutkreislauf an.

ÜBUNGEN FÜR DIE WIRBELSÄULE

Übung 7

Ausgangsposition: Einfache Haltung
Ablauf: Die Hände liegen auf den Knien. Ziehen Sie beim Einatmen die Schultern nach oben in Richtung Ohren (Abb. 11). Achten Sie darauf in den Bauch zu atmen. Beim Ausatmen bewegen Sie die Schultern wieder nach unten (Abb. 12).

Ende: Einatmen, dabei Schultern hochnehmen; ausatmen und Schultern entspannen.
Wirkung: Die Schultermuskulatur wird gekräftigt und gleichzeitig gelockert.

Übung 8

Ausgangsposition: Einfache Haltung
Ablauf: Die Hände liegen auf den Knien. Rollen Sie den Kopf langsam in großen Kreisen, zuerst linksherum. Atmen Sie ein, wenn der Kopf nach hinten geht (Abb. 13) und atmen Sie aus, wenn er nach vorne kommt. Lassen Sie den Mund während der gesamten Übung leicht geöffnet. Wechseln Sie die Drehrichtung nach einer Minute.

Abb. 11

Abb. 12

Abb. 13

Ende: Den Kopf wieder gerade halten; einatmen und ausatmen.
Wirkung: Das Kopfkreisen entspannt die Nackenmuskulatur und löst Ablagerungen an der Halswirbelsäule.

Übung 9

Ausgangsposition: Im Sitzen
Ablauf: Strecken Sie die Beine aus. Die Füße liegen aneinander. Die Arme sind parallel zum Boden nach vorne ausgestreckt. Die Handflächen zeigen nach unten. Beim Einatmen bewegen Sie die Wirbelsäule etwa 30 Grad nach hinten (Abb. 14). Mit dem Ausatmen strecken Sie die Wirbelsäule so weit wie möglich nach vorne (Abb. 15). Die Arme bleiben bei dieser Übung immer parallel zum Boden.
Ende: Einatmen und Ausatmen in der Mitte, Arme entspannen.
Wirkung: Diese Übung kräftigt die Muskulatur der Lendenwirbelsäule und des Nackens, stärkt den Ischiasnerv und regt die Nieren an.

Abb. 14

Abb. 15

Übung 10

Ausgangsposition: Rückenlage
Ablauf: Die Hände liegen unter dem Gesäß, die Handflächen zeigen zum Boden. Heben Sie mit dem Einatmen die gestreckten Beine senkrecht nach oben (Abb. 16), beim Ausatmen senken Sie sie langsam wieder nach unten.
Ende: Einatmen, Beine hoch. Ausatmen, die Beine entspannen. Die Hände locker neben den Körper legen.
Wirkung: Kräftigung der Bauchmuskulatur und der Muskulatur der Lendenwirbelsäule. Anregung der Verdauungsorgane. Verbesserte Durchblutung des Kopfes.

Zum Abschluss der Übungsreihe entspannen Sie sich 10 bis 15 Minuten in der Rückenlage. Kommen Sie nach der Entspannung durch die fünf Aufwachübungen wieder ins Hier und Jetzt zurück (siehe Seite 41/42).
Machen Sie in der einfachen Haltung eine abschließende Meditation.

ÜBUNGEN FÜR DIE WIRBELSÄULE

Abb. 16

KUNDALINI-YOGA IN DER PRAXIS

Das Herz – es schlägt vor Freude

Unser Herz ist ein bewegungsfreudiger Muskel. Es schlägt etwa 70 Mal in der Minute und ruht sich dabei pro Herzschlag nur circa 0,4 Sekunden lang aus. Dies bedeutet, bei einer Lebenserwartung von 80 Jahren, schlägt unser Herz mindestens drei Milliarden Mal. Während dieser Zeit befördert es über 200 Millionen Liter Blut durch unsere Blutgefäße. Diese Menge entspricht dem Inhalt von ungefähr 100 großen Schwimmbädern!

Damit der Herzmuskel seine optimale Leistung erbringen kann, benötigt er besonders viel Sauerstoff. Diesen erhält er zusammen mit Nährstoffen über die Herzkranzgefäße. Eine ausreichende Versorgung ist jedoch nur dann möglich, wenn eine gewisse Herzgröße nicht überschritten wird. Diese entspricht in etwa der Größe der eigenen Faust. Das Herz darf also weder überbeansprucht noch zu sehr geschont werden. Denn es reagiert ähnlich wie jeder andere Körpermuskel. Bei übermäßiger Belastung kommt es zur Vergrößerung oder Verkrampfung des Herzens. Auf der anderen Seite führt eine Unterforderung des Herzmuskels zu einer Verkleinerung und Erschlaffung.

Das Herz besteht aus zwei Vorhöfen und zwei Kammern. Bei jedem Herzschlag pumpt es Blut über die Aorta und die Arterien in den großen Körperkreislauf und über die Lungenarterie in den so genannten kleinen Kreislauf zur Lunge. Der Rückfluss des Blutes

erfolgt über die Venen des großen Kreislaufs und von der Lunge über die Lungenvenen hin zu unserem Herzen. Von der Lunge fließt sauerstoffreiches Blut zum Herzen und dann über die Arterien in alle Bereiche unseres Körpers. Im Gegenzug fließt von dort über die Venen kohlendioxydreiches Blut zum Herzen und dann weiter zur Lunge, wo das Kohlendioxyd abgeatmet wird.

Auf der physischen Ebene sind folgende Faktoren schädlich für das Herz und seine Leistungsfähigkeit: Erhöhter Blutdruck, Gefäßverkalkung, fettreiche Ernährung, Stoffwechselstörungen, Rauchen, Alkohol, Übergewicht, Bewegungsmangel und ein gebeugter Rücken.

Auf der psychischen Ebene sind Freude und Liebe Heilmittel für unser Herz. *Das Herz schlägt vor Freude; ein kaltes Herz haben; herzlos sein; von Herzen lachen; herzlich sein* – solche Redewendungen zeigen uns die enge Verbindung zwischen dem Herzen und diesen Gefühlen an. Wenigstens einmal am Tag herzhaft aus dem Bauch heraus lachen und einmal am Tag bewusst schwitzen, dies raten uns die Yogis als Balsam für unseren Körper, insbesondere für unser Herz.

Kundalini-Yoga hat nun folgende positive Wirkungen in Bezug auf unser Herz-Kreislauf-System:

■ Der Blutdruck normalisiert sich: Wenn Sie unter zu hohem Blutdruck leiden, wird dieser langsam absinken. Haben Sie dagegen zu niedrigen Blut-

DAS HERZ

druck, so werden Sie damit besser umgehen können. Symptome wie Schwindel oder Antriebslosigkeit werden verschwinden.

■ Das Körpergewicht wird reduziert: Zum einen durch die intensiven Körper- und Atemübungen und die damit verbundene Anregung des Drüsen- und Verdauungssystems. Zum anderen führt Yoga auch zu einer Veränderung der Lebensweise und so zu einer positiven Wandlung des Essverhaltens.

■ Die dynamischen Übungen regen den Kreislauf an. Das Herz wird auf positive Weise gefordert und reagiert mit einer Kräftigung des Herzmuskels.

■ Die Aktivierung des Kreislaufs geht mit einer besseren Durchblutung des Körpers einher. Dafür bildet der Körper sogar vermehrt kleine Blutgefäße, welche die Versorgung der Zellen mit Sauerstoff verbessern.

■ Die Anregung der Herztätigkeit und des Kreislaufs lässt das dünnflüssigere Blut schneller fließen. Dadurch wird zum Beispiel ein Blutstau in den Beinen verringert. Außerdem reduziert sich die Gefahr, einen Herzinfarkt zu bekommen, um ein Vielfaches.

■ Das vermehrte innere Loslassen durch Tiefenentspannung oder Meditation schont das Herz auf positive Weise.

Die Wirkung der Übungen können Sie noch durch spezielle Nahrungsmittel unterstützen. Besonders den regelmäßigen Verzehr von Sellerie beschreibt Yogi Bhajan als hilfreich zur Vorbeugung eines Herzinfarkts. Daneben wirken Buchweizen oder die Kombination von Reis mit Erdbeeren positiv auf unsere Venen. Nahrungsmittel, welche die Vitamine A, C, E und das Spurenelement Selen enthalten, schützen unsere Gefäße vor schädlichen Ablagerungen. Diese Nährstoffe sind zum Beispiel enthalten in Karotten, Spinat, Grünkohl (Provitamin A); Nüsse, pflanzliche Öle, insbesondere Weizenkeimöl (Vitamin E); Kartoffeln, Zitrusfrüchte, Paprika (Vitamin C); Vollkornprodukte, Getreide, Sojabohnen (Selen).

Unser Herz schlägt „vor Freude", wenn wir auf eine körperliche oder seelische Anspannung auch eine Entspannung folgen lassen. Stress an sich ist nicht schlecht, sofern wir durch Kundalini-Yoga in der Lage sind, uns davon zu erholen. Wenn wir auf unser Herz – sprich unsere Gefühle – hören, den Kreislauf in Schwung halten und die Kunst des Loslassens durch Meditation üben, fördern wir auf lange Sicht die Gesundheit unseres Herzens.

KUNDALINI-YOGA IN DER PRAXIS

Übungen für das Herz

Machen Sie jede Übung ein bis drei Minuten, wenn keine andere Zeit angegeben ist. Konzentrieren Sie sich während der Übungen auf das Mantra *Sat Nam*. Nach jeder Übung entspannen Sie sich einen kurzen Moment. Die Ausgangspositionen sind auf den Seiten 34 bis 36 beschrieben.

Ende: Mit seitlich nach oben gestreckten Armen einatmen und ausatmen; dann Arme und Haltung entspannen.

Wirkung: Diese Übung stärkt unser Herz, die Lunge und das Nervensystem. Außerdem wird der Blutkreislauf angeregt.

Abb. 1

Übung 1
Ego-Überwinder

Ausgangsposition: Einfache Haltung
Ablauf: Halten Sie die gestreckten Arme in einem Winkel von 60 Grad seitlich nach oben. Die Handflächen zeigen nach oben, die Fingerspitzen zeigen seitlich nach außen (Abb. 1). Machen Sie in dieser Position zwei Minuten Feueratem.

Abb. 2

Übung 2

Ausgangsposition: Einfache Haltung
Ablauf: Bringen Sie die Hände in Gyan Mudra: Dabei berühren sich die Spitze des Daumens und die Spitze des Zeigefingers jeder Hand. Die übrigen Finger sind gerade ausgestreckt. Strecken Sie beide Arme seitlich parallel zum Boden aus. Die Handflächen zeigen nach unten. Heben Sie nun beim Einatmen den linken Arm um 60 Grad nach oben. Gleichzeitig wird der rechte Arm soweit gesenkt, dass

ÜBUNGEN FÜR DAS HERZ

rechter und linker Arm eine gerade Linie bilden (Abb. 2). Beim Ausatmen bringen Sie – wie bei einer Wippe – den rechten Arm nach oben und den linken nach unten, immer in einem 60-Grad-Winkel.
Ende: Einatmen, beide Arme seitlich parallel zum Boden ausstrecken; ausatmen und Arme entspannen.
Wirkung: Der Blutkreislauf und das Herz werden angeregt. Die Lunge und das Nervensystem werden gestärkt.

Übung 3
Froschposition

Ausgangsposition: Im Stehen
Ablauf: Hocken Sie sich auf die Fußballen. Die Fersen sind zusammen. Stützen Sie sich nun mit den Fingerspitzen zwischen den nach außen gespreizten Knien auf dem Boden ab. Oberkörper und Kopf sind gerade (Abb. 3).

Atmen Sie ein und bringen Sie dabei das Gesäß hoch. Die Beine werden gestreckt und der Kopf befindet sich zwischen den Armen (Abb. 4). Danach, während Sie ausatmen, begeben Sie sich wieder in die Froschposition zurück. Machen Sie die Übung 26 oder 52 Mal.
Ende: Einatmen und dabei hochkommen, ausatmen in der Hocke; entspannen.
Wirkung: Diese Übung aktiviert den Blutkreislauf, kräftigt die gesamte Beinmuskulatur und verbessert die Sehfähigkeit.

Abb. 3

Abb. 4

KUNDALINI-YOGA IN DER PRAXIS

Übung 4

Ausgangsposition: Rückenlage
Ablauf: Heben Sie die gestreckten Beine und Arme senkrecht hoch. Die Handflächen zeigen zueinander, die Fußflächen weisen nach oben (Abb. 5). Machen Sie in dieser Position zwei Minuten Feueratem.
Ende: Einatmen und ausatmen in dieser Position, danach Arme und Beine entspannen.
Wirkung: Der Rückfluss des Blutes zum Herzen wird verbessert und die Durchblutung des Kopfes angeregt.

Abb. 5

Übung 5
Babyposition

Ausgangsposition: Fersensitz
Ablauf: Bringen Sie die Stirn zum Boden. Die Arme liegen nach hinten gerichtet an den Seiten des Körpers, die Handflächen zeigen nach oben. Nehmen Sie die Knie so weit auseinander, dass der Bauch gut Platz hat (Abb. 6).
Atmen Sie in dieser Haltung lang und tief.
Ende: Ein- und ausatmen in der Ausgangsposition.

Abb. 6

Wirkung: Diese Übung stärkt den Herzmuskel und erzeugt eine tiefe Entspannung des Körpers.

Übung 6
Krähenposition

Ausgangsposition: Im Stehen
Ablauf: Setzen Sie sich in die Hocke. Die Fußflächen sind ganz auf dem Boden. Die Arme werden parallel zum Boden nach vorne ausgestreckt. Die Handflächen zeigen nach unten (Abb. 7).

ÜBUNGEN FÜR DAS HERZ

Mit dem Einatmen kommen Sie hoch zum Stehen (Abb. 8) und mit dem Ausatmen gehen Sie wieder zurück in die Hocke. Die Arme bleiben währenddessen parallel zum Boden.

Ende: Einatmen im Stehen und ausatmen in der Hocke; Haltung entspannen.
Wirkung: Der Kreislauf wird aktiviert, die Beinmuskulatur gestärkt und der Dickdarm angeregt.

Abb. 7

Übung 7
Bogenposition

Ausgangsposition: Bauchlage
Ablauf: Ergreifen Sie die Fußgelenke und ziehen Sie sich an ihnen nach oben. Kopf, Oberkörper und Oberschenkel werden hochgestreckt. Die Wirbelsäule ist so weit wie möglich durchgebogen (Abb. 9). Machen Sie in dieser Position zwei Minuten Feueratem.

Abb. 8

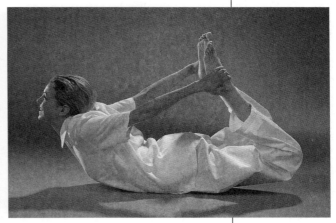

Abb. 9

Ende: Einatmen und sich gleichzeitig nochmals ganz hochziehen; dann ausatmen und eine entspannte Position einnehmen.
Wirkung: Diese Übung verbessert den Blutkreislauf, stärkt die Verdauungsorgane und kräftigt die Wirbelsäule sowie die Brustmuskulatur.

KUNDALINI-YOGA IN DER PRAXIS

Abb. 10

Abb. 11

Übung 8
Katz- und Kuhposition

Ausgangsposition: Im Sitzen
Ablauf: Kommen Sie in den Vierfüßlerstand: Die Knie stehen etwas auseinander, die Unterschenkel und die Füße sind nach hinten ausgestreckt. Die Finger zeigen nach vorne. Bringen Sie beim Einatmen den Kopf in den Nacken. Die Wirbelsäule hängt in einem tiefen Bogen nach unten (Kuhposition) (Abb. 10).
Beim Ausatmen nehmen Sie das Kinn zur Brust. Die Wirbelsäule, besonders im Brustbereich, wird nach oben gedrückt und beschreibt einen (Katzen-) Buckel (Abb. 11).
Ende: Einatmen in der Kuhposition; ausatmen in der Katzposition. Danach in der Babyposition (siehe Übung 5 auf Seite 60) entspannen.
Wirkung: Die Übung wirkt positiv auf das Herz, die Lunge, die Wirbelsäule und die Nieren.

Übung 9
Yoga-Mudra

Ausgangsposition: Fersensitz
Ablauf: Bringen Sie die Finger hinter dem Rücken ins Venusschloss. Dabei werden die Finger so verschränkt, dass der linke kleine Finger sich ganz unten befindet, der linke Daumen zwischen dem rechten Zeigefinger und dem rechten Daumen ruht und der rechte

Abb. 12

ÜBUNGEN FÜR DAS HERZ

Daumen am Ballen des linken Daumens liegt. Frauen machen die Handhaltung genau andersherum.
Atmen Sie in der aufrechten Haltung ein (Abb. 12). Neigen Sie beim Ausatmen die Stirn zum Boden. Die Arme werden gleichzeitig so weit wie möglich senkrecht nach oben gestreckt (Abb. 13). Beim Einatmen kommen Sie wieder mit dem Oberkörper hoch.
Ende: Einatmen und ausatmen in der aufrechten Haltung. Arme entspannen.
Wirkung: Herz- und Lungenfunktion werden verbessert. Die Durchblutung des Gehirns wird angeregt.

Ende: Tief ein- und ausatmen; Hände entspannen.
Wirkung: Diese Übung öffnet das Herzzentrum und beruhigt die Atmung sowie den Herzschlag.

Zum Abschluss der Übungsreihe entspannen Sie sich 10 bis 15 Minuten in der Rückenlage. Kommen Sie nach der Entspannung durch die fünf Aufwachübungen ins Hier und Jetzt zurück (siehe Seite 41/42).
Nehmen Sie die einfache Haltung ein und machen Sie eine abschließende Meditation.

Abb. 13

Übung 10

Ausgangsposition: Einfache Haltung
Ablauf: Legen Sie die linke Hand auf das Herzzentrum; die rechte Hand liegt locker darüber. Konzentrieren Sie den Blick auf die Nasenspitze. Wiederholen Sie in Gedanken kontinuierlich den Satz: „Ich fühle die Güte meines Herzens". (Abb. 14)

Abb. 14

KUNDALINI-YOGA IN DER PRAXIS

Die Lungen – atme dich frei

Die Versorgung unseres Körpers mit Sauerstoff sowie die Abgabe von Kohlendioxyd über die Lunge sind wichtige Voraussetzungen für eine optimale Funktion unserer Zellen. Eine freie und gut funktionierende Atmung hat einen wesentlichen Einfluss auf unsere Vitalität, unser Nervensystem und unseren Gemüts- und Geisteszustand. Durch Atemtraining können wir das Atemvolumen unserer Lunge vergrößern. Eine flache Atmung oder Gifte, zum Beispiel Tabakrauch, schränken dagegen die Lungenfunktion ein. Das Atmungssystem beginnt bei der Nase und den Nebenhöhlen. Wenn die Nase verstopft ist oder zur regelmäßigen Reinigung empfiehlt sich das morgendliche Aufschnupfen von lauwarmem leicht gesalzenem Wasser oder die Benutzung eines Nasenkännchens. Auf die Nase folgen der Rachen und der Kehlkopf. Hier wird durch eine weitere yogische Technik am Morgen die Reinigung fortgesetzt: Nach dem Zähneputzen bürsten Sie mit der Zahnbürste Ihre Zunge und entfernen so Beläge und Giftstoffe. Danach reizen Sie den Rachen, um den Schleim auszuspucken, der sich über Nacht angesammelt hat. An den Kehlkopf schließen sich Luftröhre und Bronchien an. Die Bronchien besitzen eine Schleimhaut mit kleinen Härchen, die die einströmende Luft von Staub und Fremdkörpern reinigt. Rauchen schädigt diese Funktion und stört so den Atemvorgang.

Die kleinen Bronchien können sich verengen oder erweitern und steuern so die Luftzufuhr. Der Austausch von Sauerstoff und Kohlendioxyd findet schließlich in den Alveolen statt. Die Lunge besteht aus 300 bis 500 Millionen solcher kleinen Bläschen, die zusammen eine Fläche von rund 100 Quadratmetern ergeben.
Zur Atemmuskulatur gehören das Zwerchfell und die kleinen Muskeln zwischen den Rippen. Ein Teil der Hals- und Brustmuskulatur ist ebenfalls am Atemvorgang beteiligt.

Die paradoxe Atmung

Bei der korrekten Atmung hebt sich mit dem Einatmen zuerst die Bauchdecke und danach der Brustkorb. Bei der Ausatmung senken sich die Bauchdecke und der Brustkorb wieder nacheinander. Menschen mit einer paradoxen Atmung machen diese Vorgang genau anders herum.

TIPP

Ob Sie richtig atmen, können Sie auf folgende Weise feststellen: Setzen Sie sich gerade hin und legen Sie die Finger leicht ineinander auf Ihren Bauch. Beim Einatmen müssen sich Ihre Finger voneinander weg bewegen. Mit dem Ausatmen gehen sie wieder zusammen.

DIE LUNGEN

Der lange, tiefe Atem

Der lange, tiefe Atem wurde schon im Kapitel über das richtige Atmen vorgestellt (siehe Seite 37). Durch die folgende Übung können Sie ihn noch besser erlernen:

1. Atmen Sie langsam ein und zählen Sie dabei innerlich von eins bis vier. Halten Sie den Atem kurz an.
2. Zählen Sie dann wieder von eins bis vier beim langsamen Ausatmen. Halten Sie erneut den Atem kurz an. Beginnen Sie nun wieder von vorne.

Je geübter Sie sind, umso mehr verlängern Sie die Atemzüge und auch die Atemhaltephasen. Ein optimaler Rhythmus wäre: Von eins bis acht zählen während der Ein- und Ausatmung und von eins bis vier zählen während des An- und Aushaltens des Atems.

Der lange, tiefe Atem hat folgende Wirkungen:

- Er entspannt und beruhigt. Diese Entspannung ist aber mehr von aktiver als von passiver Natur. Daneben wird die Gehirnfunktion so konditioniert, dass uns in kritischen Situationen die richtigen Entscheidungen automatisch zufließen.
- Das Atemvolumen wird vergrößert. Je besser die Lungenkapazität ausgenutzt wird, desto eher kann sich das elektromagnetische Feld wieder aufbauen, welches unseren Körper wie eine Schutzhülle umgibt.
- Der Säure- und Basenwert des Blutes wird reguliert, hierdurch wiederum kann in belastenden Situationen die Handlungsfähigkeit erhalten werden.

- Er reduziert und verhütet Giftansammlungen in der Lunge.
- Die Produktion von bestimmten chemischen Substanzen im Gehirn, die antidepressiv wirken, wird stimuliert.
- Er reinigt das Blut.
- Mit dem Sauerstoff wird Lebenskraft (Prana) zugeführt, die zu größerer Klarheit und Bewusstheit verhilft.
- Er erzeugt einen kühlen Kopf und eine positive Einstellung.
- Blockaden im Energiefluss der Nadis werden aufgelöst.
- Das Nervensystem wird gestärkt.
- Er beschleunigt Heilungsprozesse emotionaler und physischer Art.
- Er hilft, unerwünschte unterbewusste Verhaltensmuster und Süchte (Neigungen) aufzubrechen.
- Unsicherheit und Angst werden vermindert.
- Die Ausstrahlung wird verbessert.
- Er gibt uns die Fähigkeit, die eigene Negativität und Emotionalität zu kontrollieren.
- Mit dem Anwachsen der Lungenkapazität beginnt die Hirnanhangdrüse vermehrt Hormone auszuscheiden, wodurch sich unsere intuitive Kraft stärker entwickelt.

Der Feueratem

Den Feueratem haben Sie ebenfalls schon im Kapitel über das richtige Atmen kennen gelernt. Hier erfahren Sie, welche positiven Wirkungen er hat:

- Er reinigt das Blut in drei Minuten!
- Er stimuliert das Sonnengeflecht und setzt auf diese Weise Lebensenergie frei.

KUNDALINI-YOGA IN DER PRAXIS

- Er erhöht das positive Spannungspotential des Nervensystems.
- Wenn er richtig ausgeführt wird, produziert das Gehirn vermehrt Alpha-Wellen, die normalerweise bei tiefer innerer Ruhe und Entspannung entstehen.
- Die physische Ausdauer wird erhöht.
- Er stärkt „zittrige" Nerven und hilft in Stresssituationen die Kontrolle wiederzugewinnen.
- Der Nabelpunkt wird stimuliert. Dadurch werden wir sowohl im geistigen als auch im physischen Bereich ausgeglichener.
- Er schenkt uns mehr Konzentration.
- Er kann helfen, Süchte zu überwinden, und reinigt den Körper von den negativen Auswirkungen des Rauchens, von Drogen, Alkohol, Tabak und Koffein.
- Die Lungenkapazität wird vergrößert und sorgt für eine insgesamt bessere Gesundheit und mehr Lebensfreude.
- Das Atemvolumen wird vergrößert.
- Er hat eine entgiftende und reinigende Wirkung auf Lunge, Schleimhäute, Blutgefäße und Zellen.
- Unsere Aura (energetische Schutzhülle des Körpers) und das uns umgebende Kraftfeld wird aufgeladen, sodass wir vor negativen Kräften besser geschützt sind.
- Der Feueratem schenkt uns insgesamt mehr körperliche und geistige Energie.

Wichtig

Atemübungen sind ein bewusster Eingriff in den Atemvorgang. Üben Sie deshalb langsam und vorsichtig. Für Menschen mit Lungenerkrankungen oder Asthma bronchiale gilt dies umso mehr, da zu forciertes Atemtraining die Beschwerden verschlimmern kann. Setzen Sie sich bei den Atemübungen nie unter Druck und atmen Sie ruhig weiter, wenn Sie sich unwohl fühlen.

Atem ist Lebensenergie

Die yogische Lehre vom Atem ist das Pranayama. Dies bedeutet die Beherrschung der Lebensenergie (Prana). Eine Form der Lebensenergie ist unser Atem.
Pranyama-Übungen helfen uns, Gedanken und Gefühle zu beruhigen: Je ruhiger und entspannter wir atmen, umso gelassener und konzentrierter können wir uns in einer Situation verhalten. Pranayama-Übungen vertreiben Ängste, schenken mehr Lebensfreude und stärken das Nervensystem.

Gesunde Ernährung für die Lunge

Außer durch Atemübungen können Sie die Lunge auch durch spezielle Nahrungsmittel unterstützen. Dazu gehört zum Beispiel Hirse, die viel Kieselsäure enthält. Dieser Stoff wirkt besonders positiv auf das Lungengewebe.

ÜBUNGEN FÜR DIE LUNGEN

Daneben sind auch solche Lebensmittel sehr günstig, die viel Beta-Carotin (Vorstufe des Vitamin A) enthalten wie beispielsweise Karotten, Aprikosen, Brokkoli und rote Paprika. Zusätzlich wirken Orangen, alle Beerensorten, Nüsse, besonders Walnüsse und Rohkost unterstützend auf die Lungenfunktionen.

Psyche und Atmung

Redewendungen wie *etwas verschlägt uns den Atem, nicht frei atmen können, jemand nimmt uns die Luft zum Atmen, seinem Herzen Luft machen* – weisen auf die enge Verbindung von Psyche und Atmung hin. Dabei scheint sich insbesondere unser Umgang mit Nähe und Distanz, mit Zuwendung oder Abgrenzung in unserem Atemverhalten auszudrücken.

Durch eine bewusste Atemführung und dadurch, dass wir den Atem frei fließen lassen, bekommen wir ein Gefühl für das Wesentliche und nehmen Kontakt auf zum schöpferischen Kern in uns wie auch zur Kraft des Universums. Je tiefer wir den Sinn einer Sache ergründen wollen, umso tiefer müssen wir atmen.

Ein frei fließender Atem vitalisiert nicht nur unseren Körper, sondern hilft uns auch klarer zu denken und mit heiterer Gelassenheit das Leben zu betrachten.

Übungen für die Lungen

Machen Sie jede Übung ein bis drei Minuten, wenn keine andere Zeit angegeben ist. Konzentrieren Sie sich während der Übungen auf das Mantra *Sat Nam*. Nach jeder Übung kurz entspannen. Die Ausgangspositionen sind auf den Seiten 34 bis 36 beschrieben.

Übung 1

Ausgangsposition: Einfache Haltung
Ablauf: Legen Sie die Hände auf die Mitte Ihres Bauches und halten Sie die Wirbelsäule gerade (Abb. 1). Machen Sie in dieser Position zwei Minuten lang Feueratem.

Abb. 1

KUNDALINI-YOGA IN DER PRAXIS

Ende: Tief einatmen und vollständig ausatmen; Arme entspannen.
Wirkung: Diese Übung reinigt die Lungen.
Gleichzeitig wird die Zwerchfellmuskulatur gestärkt.

Übung 3

Ausgangsposition: Einfache Haltung
Ablauf: Strecken Sie die Arme vor sich gerade aus, parallel zum Boden. Die Handflächen zeigen nach unten

Abb. 2

Abb. 3

Übung 2

Ausgangsposition: Einfache Haltung
Ablauf: Strecken Sie die Arme seitlich, parallel zum Boden aus. Die Handflächen zeigen nach oben (Abb. 2). Machen Sie in dieser Position zwei Minuten Feueratem.
Ende: Tief einatmen und vollständig ausatmen; Arme entspannen.
Wirkung: Diese Übung vergrößert das Atemvolumen und stärkt das Nervensystem.

Abb. 4

ÜBUNGEN FÜR DIE LUNGEN

(Abb. 3). Heben Sie nun beim Einatmen schnell die gestreckten Arme senkrecht hoch (Abb. 4).
Mit dem Ausatmen schwingen Sie die Arme kraftvoll nach unten in die ursprüngliche Position zurück.
Die Ein- und Ausatmung erfolgt bei dieser Übung durch den geöffneten Mund.
Ende: Einatmen, dabei Arme hochstrecken; ausatmen und Arme entspannen.
Wirkung: Diese Übung stärkt die Lungenfunktion. Gleichzeitig wird das Nervensystem gekräftigt.

Übung 4

Ausgangsposition: Im Stehen
Ablauf: Die Füße stehen schulterbreit auseinander. Legen Sie beide Hände auf die Brust (Abb. 5). Beim Einatmen schwingt der gestreckte linke Arm zur linken Seite nach hinten (Abb. 6). Mit dem Ausatmen bringen Sie die linke Hand wieder zur Brustmitte. Gleichzeitig schwingt der rechte Arm zur anderen Seite. Kopf und Oberkörper bewegen sich jedes Mal mit.
Ende: Tief einatmen, beide Hände sind wieder vor der Brustmitte; ausatmen und Arme entspannen.

Abb. 5

Abb. 6

Wirkung: Diese Übung wirkt positiv auf Lunge, Atemmuskulatur und Dickdarm. Gleichzeitig wird das Atemvolumen vergrößert.

Übung 5

Ausgangsposition: Im Stehen
Ablauf: Stellen Sie die Füße nebeneinander. Strecken Sie die Arme gerade über den Kopf. Die Handflächen berühren sich. Lehnen Sie sich jetzt vorsichtig so weit wie möglich nach hinten (Abb. 7). Machen Sie in dieser Position zwei Minuten lang Feueratem.
Ende: Tief einatmen; vollständig ausatmen; Arme entspannen.
Wirkung: Das Atemvolumen wird vergrößert. Diese Übung ist hilfreich bei Asthma bronchiale.

Übung 6
Yoga-Mudra

Ausgangsposition: Einfache Haltung
Ablauf: Bringen Sie die Finger hinter dem Rücken ins Venusschloss. Dabei werden die Finger so verschränkt, dass der linke kleine Finger sich ganz unten befindet, der linke Daumen zwischen dem rechten Zeigefinger und dem rechten Daumen ruht und der rechte Daumen am Ballen des linken Daumens liegt.
Frauen machen die Handhaltung genau andersherum.

Abb. 8

Abb. 7

Atmen Sie in der aufrechten Haltung ein (Abb. 8). Neigen Sie beim Ausatmen die Stirn zum Boden (Abb. 9). Die Arme werden gleichzeitig so weit wie möglich senkrecht nach oben gestreckt. Beim Einatmen kommen Sie wieder mit dem Oberkörper hoch.
Ende: In der aufrechten Haltung tief ein- und ausatmen, die Körperposition und die Arme entspannen.

ÜBUNGEN FÜR DIE LUNGEN

Abb. 9

Abb. 10

Wirkung: Diese Übung öffnet die Lungen und aktiviert das Herz. Die Durchblutung des Kopfes wird verbessert.

Übung 7

Ausgangsposition: Einfache Haltung
Ablauf: Legen Sie die Hände so auf die Schultern, dass die Daumen nach hinten zeigen und die übrigen Finger nach vorne. Die Oberarme sind parallel zum Boden (Abb. 10). Beugen Sie nun beim Einatmen den Oberkörper zur linken Seite; dabei bewegt sich der linke Ellenbogen in Richtung Boden (Abb. 11). Beim Ausatmen führen Sie die gleiche Bewegung zur rechten Seite aus. Der Kopf sinkt jeweils auf die entsprechende Schulter.
Ende: Einatmen in der Mitte; ausatmen und Arme entspannen.
Wirkung: Diese Übung trainiert die Atem- und Brustmuskulatur.

Abb. 11

Übung 8
Sitali-Atmung

Ausgangsposition: Im Sitzen
Ablauf: Strecken Sie die Beine nach vorne aus. Die Füße liegen aneinander. Ergreifen Sie die großen Zehen; die Ellenbogen sind dabei durchgedrückt. Das Kinn ist leicht zur Brust gezogen. Strecken Sie nun die Zunge heraus und rollen Sie sie wie zu einem „U" (Abb. 12).
Atmen Sie lang, tief und leise durch die gerollte Zunge ein, dann langsam durch die Nase wieder aus. Während des Ausatmens liegt die Zunge entspannt im geschlossenen Mund.
Die so genannte Sitali-Atmung kann auch in der einfachen Haltung angewendet werden.
Ende: Tief ein- und ausatmen durch die Nase; Position entspannen.
Wirkung: Diese Übung aktiviert das Zwerchfell, regt die Entgiftung des gesamten Körpers an und wirkt kühlend, zum Beispiel bei Fieber.

> **TIPP**
> *Einige Menschen können aus anatomischen Gründen die Zunge nicht zu einem „U" rollen. Strecken Sie dann einfach die Zunge locker aus dem Mund heraus.*

Übung 9

Ausgangsposition: Einfache Haltung
Ablauf: Bringen Sie die gestreckten Arme über den Kopf. Die Handflächen liegen aneinander. Die Finger zeigen senkrecht nach oben (Abb. 13). Drehen Sie beim Einatmen den Oberkörper nach links (Abb. 14), beim Ausatmen bewegen Sie ihn nach rechts. Der Kopf geht zur jeweiligen Seite mit.

Abb. 12

Abb. 13

ÜBUNGEN FÜR DIE LUNGEN

Ende: Einatmen und ausatmen in der Mitte; Arme entspannen.
Wirkung: Diese Übung vergrößert das Atemvolumen. Die Atemmuskulatur, das Herz und das Nervensystem werden gestärkt.

Ende: Ein- und ausatmen durch die Nase; Position entspannen.
Wirkung: Der Atem wird beruhigt und vertieft, das Nervensystem gestärkt.

Zum Abschluss der Übungsreihe entspannen Sie sich 10 bis 15 Minuten in der Rückenlage. Kommen Sie nach der Entspannung durch die fünf Aufwachübungen ins Hier und Jetzt zurück (siehe Seite 41/42).
Setzen Sie sich in die einfache Haltung und machen Sie eine abschließende Meditation.

Abb. 14

Übung 10

Ausgangsposition: Einfache Haltung
Ablauf: Legen Sie die Hände in Gyan Mudra auf die Knie. Die Handflächen zeigen nach vorne; die Ellenbogen sind durchgedrückt (Abb. 15). Atmen Sie zuerst durch die Nase ein und durch den Mund aus. Dann durch den Mund einatmen und durch die Nase ausatmen. Anschließend beginnen Sie wieder von vorne.

Abb. 15

73

KUNDALINI-YOGA IN DER PRAXIS

Der Magen – ohne Ärger leben

Der Magen ist ein Hohlorgan und besitzt einen Eingang, die Cardia, sowie einen Ausgang, der Pförtner genannt wird. In der Magenschleimhaut liegen 35 Millionen Drüsen, die täglich bis zu drei Liter Magensaft produzieren.

Bei jeder Nahrungsaufnahme reagiert der Magen mit der Produktion von Salzsäure und Verdauungsenzymen. Dabei verdaut er hauptsächlich Eiweiß und sorgt für die Durchmengung aller Speisen.

Die Verdauungszeit der einzelnen Lebensmittel im Magen ist sehr unterschiedlich: Ein Apfel zum Beispiel bleibt nur eine halbe Stunde im Magen, eine geräucherte Makrele dagegen bis zu sieben Stunden. Wenn wir Nahrung aufnehmen bevor der Mageninhalt entleert worden ist, kann dies die Verdauung verzögern und zu Gärungs- und Fäulnisprozessen führen. Deshalb ist es vorteilhaft, nur alle vier Stunden etwas zu essen. Am besten eine vegetarische Kost, weil diese eine geringe Verweildauer im Magen hat.

Auch psychische Belastungen, insbesondere Ärger und ständige Aufregung, können den Magen schädigen. Diese Gefühle lösen nämlich eine übersteigerte Produktion von Salzsäure aus, die die empfindliche Magenschleimhaut reizt. Redewendungen wie *etwas in sich hineinfressen, sauer sein, etwas schlägt mir auf den Magen* drücken diesen Zusammenhang anschaulich aus.

Die yogischen Ernährungsregeln für eine gute Magenfunktion sind so einfach wie wirkungsvoll:

1. Im Magen sollen sich ein Viertel Nahrung, ein Viertel Wasser, ein Viertel Luft und ein Viertel Platz befinden. So kann die Nahrung erst richtig verdaut werden.

2. Eine Mahlzeit pro Tag ist ausreichend. Obst und Rohkost sind zwischendurch erlaubt.

3. Zu einer yogischen Lebensweise gehört eine vegetarische Kost. Auf denaturierte Lebensmittel und aufputschende Getränke wird bewusst verzichtet. Dagegen haben gekeimte Sprossen, Jogurt, Weizenkeime, Hefeflocken, verdünnter Obstessig, Kartoffeln und ganze, gekochte Getreidekörner einen positiven Einfluss auf den Magen.

Yoga-Asanas für den Magen verbessern die Funktion dieses Organs, sodass Gärungs- und Fäulnisprozesse gestoppt werden können. Einige Übungen führen auch zur Lösung von aufgestautem Ärger, sind also ausgesprochen magenfreundlich. Yoga ist so energetisierend und vitalisierend, dass zum Beispiel zwei Minuten Feueratem Sie wacher machen als fünf Tassen Kaffee. Zudem schont er den Magen. Kundalini-Yoga legt neben einer gesunden Nahrung besonderen Wert auf unsere geistige Ernährung. Dazu gehört zum Beispiel ein Gebet vor dem Essen und das dreimalige Singen des Mantras *Sat Nam*. Nach Beendigung der Nahrungsaufnahme helfen uns zehn tiefe Atemzüge dabei, die Kost leichter zu verdauen und auch unsere geistigen Kräfte in den Verdauungsvorgang miteinfließen zu lassen. Sollte trotz aller Yoga-Übungen und Meditationen Ärger in Ihnen auftauchen, ist es besser ihn herauszulassen, anstatt ihn zu schlucken. Setzen Sie sich zum Beispiel ins Auto und brüllen Sie aus Leibeskräften oder schlagen Sie mit einem Kissen kraftvoll auf eine Matratze ein. Beide Handlungen befreien enorm und lösen den stärksten Ärger auf.

Durch eine yogische Lebensweise werden Sie die Kunst des Loslassens lernen und so Ihren Magen dauerhaft von Stress und Ärger befreien können.

Übungen für den Magen

Machen Sie jede Übung ein bis drei Minuten, wenn keine andere Zeit angegeben ist. Konzentrieren Sie sich während der Übungen auf das Mantra *Sat Nam*. Nach jeder Übung entspannen Sie sich einen kurzen Moment. Die Ausgangspositionen sind auf den Seiten 34 bis 36 beschrieben.

Übung 1

Ausgangsposition: Im Stehen
Ablauf: Stellen Sie die Füße etwa 30 Zentimeter auseinander und bringen Sie die Hände auf die Hüften. Die Finger zeigen nach vorne, der Daumen nach hinten. Beugen Sie beim Einatmen den Oberkörper zur linken Seite (Abb. 1) und mit dem Ausatmen zur rechten.
Ende: Ein- und ausatmen in der Mitte; Arme entspannen.
Wirkung: Magen- und Leberfunktion werden aktiviert.

Abb. 1

KUNDALINI-YOGA IN DER PRAXIS

Abb. 2

Abb. 4

Abb. 3

Übung 2

Ausgangsposition: Im Stehen
Ablauf: Die Füße stehen wieder ungefähr 30 Zentimeter auseinander. Die Hände sind auf den Hüften. Die Finger zeigen nach vorne, der Daumen nach hinten. Neigen Sie beim Einatmen den Oberkörper vorsichtig so weit wie möglich nach hinten (Abb. 2) und mit dem Ausatmen nach vorne bis der Oberkörper sich parallel zum Boden befindet (Abb. 3).
Ende: Mit aufrechtem Oberkörper einatmen und ausatmen; dann die Arme entspannen.
Wirkung: Diese Übung stärkt die Magenfunktion. Außerdem wird die Bauchmuskulatur und die Lendenwirbelsäule gekräftigt.

ÜBUNGEN FÜR DEN MAGEN

Übung 3

Ausgangsposition: Im Stehen
Ablauf: Die Füße stehen schulterbreit auseinander, sodass Sie einen festen Stand haben. Bilden Sie mit Ihren Händen Fäuste, indem die Finger den Daumen umschließen. Schwingen Sie nun die gestreckten Arme in großen Kreisen rückwärts (Abb. 4).
Atmen Sie ein, wenn sich die Arme nach hinten bewegen und atmen Sie aus, wenn die Arme wieder nach vorne kommen.
Ende: Ein- und ausatmen mit seitlich ausgestreckten Armen; Arme und Hände entspannen.
Wirkung: Magen, Leber, Brustmuskulatur und Nervensystem werden positiv beeinflusst.

Übung 4

Ausgangsposition: Einfache Haltung
Ablauf: Die Hände liegen locker auf den Knien, die Ellenbogen sind leicht gebeugt. Beschreiben Sie mit dem Oberkörper große Kreise, zuerst links herum. Der Kopf bleibt dabei unbeweglich und aufrecht.
Atmen Sie ein, wenn der Oberkörper nach vorne kommt und atmen Sie aus, wenn Sie nach hinten kreisen (Abb. 5). Wechseln Sie nach zwei Minuten die Drehrichtung.
Ende: Mit aufrechtem Oberkörper ein- und ausatmen.
Wirkung: Diese Übung lockert die Wirbelsäule. Darüber hinaus wirkt sie anregend auf die Magen- und die Leberfunktion.

Abb. 5

Übung 5

Ausgangsposition: Einfache Haltung
Ablauf: Die Hände ruhen locker auf den Knien. Beugen Sie den Oberkörper beim Einatmen nach links und mit dem Ausatmen nach rechts. Der Oberkörper bewegt sich dabei zu den Oberschenkeln (Abb. 6).
Ende: Ein- und ausatmen in der Mitte.
Wirkung: Diese Übung verbessert die Verdauung und stärkt die Magen- und Leberfunktion.

Abb. 6

77

KUNDALINI-YOGA IN DER PRAXIS

Abb. 7

Übung 6

Ausgangsposition: Fersensitz
Ablauf: Die Hände liegen locker auf den Oberschenkeln; die Wirbelsäule ist gerade (Abb. 7). Atmen Sie tief ein und halten Sie den Atem an. Pumpen Sie jetzt 16 Mal, indem Sie Ihren Bauch in rascher Folge einziehen und wieder herausdrücken. Die Wirbelsäule wird nicht mitbewegt. Atmen Sie danach aus und halten Sie den Atem aus. Pumpen Sie erneut 16 Mal. Sie können auch mit vier oder acht Pumpbewegungen beginnen. Achten Sie jedoch darauf, dass die Pumpanzahl in der Ein- und Aushaltephase gleich ist.
Ende: Tiefes und entspanntes Ein- und Ausatmen in der Mitte.
Wirkung: Diese Übung wirkt harmonisierend auf den Magen, den Darm und das Zwerchfell.

Übung 7

Ausgangsposition: Rückenlage
Ablauf: Heben Sie mit dem Einatmen beide Arme senkrecht hoch. Die Handflächen zeigen nach vorne. Beim Ausatmen bewegen Sie die Arme schnell und kraftvoll nach unten und schlagen mit den Handflächen auf den Boden. (Abb. 8)
Ende: Einatmen und dabei die Arme hochstrecken; ausatmen und die Arme entspannt neben den Körper legen.
Wirkung: Diese Übung aktiviert den Magen und baut aufgestauten Ärger ab.

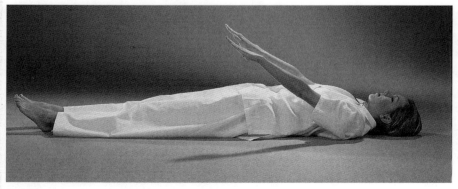

Abb. 8

ÜBUNGEN FÜR DEN MAGEN

Abb. 9

Übung 8

Ausgangsposition: Rückenlage
Ablauf: Heben Sie die Beine senkrecht hoch und halten Sie sie während der gesamten Übung in dieser Position. Die Arme liegen an den Seiten des Körpers. Schlagen Sie nun mit den Händen kraftvoll auf den Boden. Beim Einatmen Arme und Hände hochheben, mit dem Ausatmen auf den Boden schlagen (Abb. 9).

Ende: Tief ein- und ausatmen; die Beine wieder auf den Boden legen und in dieser entspannten Rückenlage nochmals ein- und ausatmen.
Wirkung: Diese Übung baut Stress ab und wirkt harmonisierend auf den Magen und die Verdauung.

KUNDALINI-YOGA IN DER PRAXIS

Abb. 10

Übung 9

Ausgangsposition: Rückenlage
Ablauf: Ziehen Sie die Knie zur Brust und schlingen Sie die Arme um die Unterschenkel. Der Kopf liegt auf dem Boden. Strecken Sie nun die Zunge heraus und atmen Sie durch den Mund ein (Abb. 10). Ziehen Sie dann die Zunge zurück, schließen Sie den Mund und atmen Sie durch die Nase aus. Strecken Sie dann die Zunge wieder heraus usw.
Ende: Ein- und ausatmen; in der Rückenlage entspannen.
Wirkung: Der Magen und die Verdauung werden angeregt. Die Sauerstoffversorgung des Gehirns wird verbessert.

Übung 10

Ausgangsposition: Im Sitzen
Ablauf: Strecken Sie die Beine gerade nach vorne aus. Klopfen Sie vorsichtig mit den Händen auf jeden Teil Ihres Körpers: Füße, Beine, Oberkörper, Rücken, Arme, Hände, Kopf und Gesicht (Abb. 11). Geben Sie sich auf diese Weise eine kraftvolle und zugleich liebevolle Selbstmassage.
Ende: Entspannte Haltung einnehmen; ein- und ausatmen.
Wirkung: Verspannungen und Ärger werden gelöst. Der Körper wird mit neuer Energie versorgt.

Zum Abschluss der Übungsreihe entspannen Sie sich 10 bis 15 Minuten in der Rückenlage. Kommen Sie nach der Entspannung durch die fünf Aufwachübungen ins Hier und Jetzt zurück (siehe Seite 41/42).
Setzen Sie sich in die einfache Haltung und machen Sie eine abschließende Meditation.

Abb. 11

Der Darm – gut verdaute Power

Der Darm besteht aus dem Zwölffingerdarm, dem Dünndarm und dem Dickdarm. Seine gesamte Länge beträgt ungefähr sechs bis sieben Meter. Vom Magen aus wird der Speisebrei in den Zwölffingerdarm geleitet. Seinen Namen erhielt dieser Darmabschnitt, weil er so lang ist wie zwölf nebeneinander liegende Finger. Im Zwölffingerdarm wirken der Gallensaft aus der Gallenblase und die Verdauungsenzyme der Bauchspeicheldrüse auf den Speisebrei ein. Fette werden für die Resorption (Stoffaufnahme), die im oberen Teil des Dünndarms erfolgt, vorbereitet. Kohlenhydrate, die bereits im Mund durch den Speichel, und Eiweiße, die durch die Magensäure vorverdaut wurden, werden nun im Zwölffingerdarm von den Enzymen der Bauchspeicheldrüse weiter verdaut, das heißt in ihre einzelnen Bausteine gespalten.

Im Dünndarm wirken weitere Verdauungsenzyme, die von den Drüsen der Darmwand ausgeschieden werden, auf den Darminhalt ein. Der Speisebrei wird durch rhythmische Muskelbewegungen des Darms langsam weiter transportiert.

Die Darmwand besitzt Darmzotten, etwa 40 Stück pro Quadratmillimeter, die wiederum einen Bürstensaum haben. Darmzotten und Bürstensaum ergeben zusammen eine Oberfläche von der Größe eines Fußballfeldes. Am Bürstensaum der Zotten findet die Stoffaufnahme statt.

Wenn der Speisebrei schließlich den Dickdarm erreicht, sind die meisten Nährstoffe bereits ins Blut transportiert worden. Lediglich Wasser und Mineralsalze werden hier noch aufgenommen. Dabei wird der Darminhalt eingedickt und danach als Stuhl ausgeschieden. Die wenigsten Menschen in unserer Gesellschaft betrachten ihren Stuhlgang. Dabei kann seine Beschaffenheit viel über unsere Gesundheit aussagen. Aus der Naturheilkunde zum Beispiel ist bekannt, dass ein Stuhlgang, der im Wasser schwimmt, eine gesunde Verdauung anzeigt. Achten Sie auch darauf, einmal täglich Stuhlgang zu haben, um Ihren Körper von Giften frei zu halten.

Ein optimaler Verdauungsvorgang setzt auch eine intakte Darmflora voraus. Die Bakterien erfüllen im Dickdarm wichtige Aufgaben, zum Beispiel indem sie einen Teil der Ballaststoffe abbauen. Dabei entstehen kurzkettige Fettsäuren, die zum einen für die Gesundheit der Darmzellen unverzichtbar sind, und zum anderen indirekt den Transport des Stuhles anregen. Eine denaturierte Kost, insbesondere zuviel Weißmehl und Zucker, sowie die Einnahme von Antibiotika können jedoch die Darmbakterien schwächen oder abtöten. Eine gestörte Darmflora wiederum ist häufig die Ursache für Verdauungsprobleme wie Blähungen, Verstopfung oder Durchfall. Sie kann außerdem zu einer Abwehrschwäche oder allergischen Reaktionen führen.

KUNDALINI-YOGA IN DER PRAXIS

Gesunde Ernährung für den Darm

Zu einer yogischen Ernährung gehören unbedingt Vollkornprodukte. Gleichzeitig wird auf Zucker sowie auf Fleisch, Fisch und Eier verzichtet. Die Ablehnung von Fleisch und Fisch hat einerseits ethische, andererseits gesundheitliche Gründe. Besonders Fleisch hat die Tendenz zu lange im Darm zu verweilen. Wenn es nicht richtig verdaut wurde, kann es im Nachhinein von Darmbakterien zersetzt werden. Bei diesem Prozess, Fäulnis genannt, können krebserregende Stoffe entstehen. Yogis sagen, das Essen soll spätestens nach 24 Stunden wieder den Körper verlassen haben. Sie können dies testen, indem Sie zu Ihrer Nahrung einige Sesamsamen oder Senfkörner essen und abwarten, wann diese zusammen mit dem Stuhlgang in Ihrer Toilette wieder erscheinen. Hilfreich für die gesamte Darmfunktion ist es, regelmäßig einmal in der Woche einen Weizentag einzulegen. An diesem Tag besteht jede Mahlzeit aus gekochten, voll aufgequollenen Weizenkörnern. Dazu nehmen Sie morgens etwas Jogurt und Honig. Mittags essen Sie den Weizen mit einer Soße aus Ingwer, Knoblauch und Zwiebeln. Sie können soviel davon essen, wie Sie mögen, aber keine anderen Nahrungsmittel.

Im Kundalini-Yoga finden wir viele brauchbare Ernährungstipps:

- Wenn Sie abnehmen wollen, sollten Sie immer nur eine Mahlzeit am Tag einplanen, am besten mittags.
- Nach dem Essen auf dem Bauch schlafen, fördert die Verdauung.
- Essen Sie keine schweren Speisen nach Sonnenuntergang.
- Legen Sie einmal in der Woche einen Flüssigkeitsfastentag ein; also nur Säfte und Suppen zu sich nehmen.

Besondere Tipps für Frauen
- Verzichten Sie prinzipiell auf schwere Mahlzeiten.
- Zwischen 11.00 und 14.00 Uhr darf eine Frau alles essen. Natürlich nur gesunde Kost!

Besondere Tipps für Männer
- Pflaumen, Feigen, Pfirsiche, Birnen und Ananas stärken den männlichen Organismus und die Potenz.
- Ingwer, Knoblauch und Zwiebeln geben Stärke und Ausdauer.
- Pistazien und Auberginen halten Männer ebenfalls fit.

Im Kundalini-Yoga werden zahlreiche Diäten empfohlen, die die Reinigung und Entgiftung des Körpers unterstützen sollen. Dazu zählen die grüne Diät und die Früchte-Gemüse-Nüsse-Diät.

Die grüne Diät

Während dieser 10- bis 14-tägigen Diät essen Sie ausschließlich Nahrungsmittel, die grün sind. (Außer grünen Gummibärchen!) Die Menge ist unbegrenzt. Dazu gibt es einmal pro Woche eine halbe Tasse Nüsse. Am letzten Diättag trinken Sie Zitronensaft gemischt mit Wasser und Honig. Diese Diät ist besonders geeignet zur Entgiftung, zum Abnehmen und bei Übersäuerung des Körpers. Sie ist schon hilfreich, wenn Sie nur drei Tage durchhalten.

ÜBUNGEN FÜR DEN DARM

Früchte-Gemüse-Nüsse-Diät

Hier stehen 7 bis 14 Tage ausschließlich Obst und Gemüse auf dem Speiseplan. Die Menge ist wieder unbegrenzt. Dazu gibt es eine halbe Tasse Nüsse pro Tag. Halten Sie aber vier Stunden Pause zwischen den Mahlzeiten ein, wenn Sie Nüsse gegessen haben.

Psyche und Darm

Neben der Ernährung hat auch unsere psychische Verfassung einen großen Einfluss auf die Gesundheit und Funktion unseres Darmes. Denn nicht nur Nahrung, sondern auch alle Informationen, Erlebnisse und Gefühle in unserem Leben müssen „verdaut" werden. Dabei können wir manche Dinge *gut schlucken,* anderes dagegen *bleibt uns im Halse stecken.* Manchmal, wenn wir unter Druck stehen, *blähen wir uns auf,* oder *haben* in einer brenzligen Situation einfach nur *Schiss.* Es gibt viele Redewendungen in unserer Sprache, die anschaulich beschreiben, wie unser Darm bzw. unsere Verdauung auf psychische Belastungen reagieren kann. Kundalini-Yoga hilft mit speziellen Übungen, die Darmfunktion gezielt zu verbessern. Außerdem schenkt es uns allgemein mehr Gelassenheit und Entspannung und kann auf diese Weise psychosomatische Darmbeschwerden lindern.

Übungen für den Darm

Machen Sie jede Übung ein bis drei Minuten, wenn keine andere Zeit angegeben ist. Konzentrieren Sie sich während der Übungen auf das Mantra *Sat Nam.* Nach jeder Übung entspannen Sie sich einen kurzen Moment. Die Ausgangspositionen sind auf Seite 34 bis 36 beschrieben.

Übung 1

Ausgangsposition: Fersensitz
Ablauf: Halten Sie die Wirbelsäule gerade und verschränken Sie die Finger im Nacken zum Venussschloss, sodass der linke kleine Finger oben und der

Abb. 1

KUNDALINI-YOGA IN DER PRAXIS

rechte Daumen ganz unten liegt (bei Frauen umgekehrt). Die Ellbogen werden leicht nach hinten gezogen (Abb. 1). Machen Sie in dieser Position zwei Minuten lang Feueratem.
Ende: Tief einatmen; ausatmen und Arme entspannen.
Wirkung: Diese Übung aktiviert den Dünndarm, trainiert die Bauchmuskulatur und regt den Blutkreislauf an.

Abb. 3

Übung 3

Ausgangsposition: Rückenlage
Ablauf: Die Hände liegen unter dem Gesäß, die Handflächen zeigen zum Boden. Heben Sie nun beim Einatmen die gestreckten Beine zusammen senkrecht nach oben (Abb. 3). Mit dem Ausatmen senken Sie die Beine wieder langsam ab. Achten Sie darauf, bewusst in den Bauch zu atmen und kein Hohlkreuz zu machen.
Ende: Einatmen und dabei die Beine hochheben; mit dem Ausatmen die Beine entspannen und die Arme locker neben den Körper legen.
Wirkung: Diese Übung stärkt die Bauchmuskulatur, kräftigt die Lendenwirbelsäule, aktiviert die Verdauungsorgane und verbessert die Durchblutung des Kopfes.

Abb. 2

Übung 2

Ausgangsposition: Rückenlage
Ablauf: Die Arme liegen entspannt neben dem Körper. Heben Sie mit dem Einatmen das gestreckte linke Bein senkrecht hoch (Abb. 2). Beim Ausatmen senken Sie es wieder ab. Wiederholen Sie die Bewegung mit dem rechten Bein. Heben und senken Sie die Beine abwechselnd.
Ende: Ein- und ausatmen in der entspannten Rückenlage.
Wirkung: Diese Übung regt die Dickdarmfunktion an und hilft bei Krampfadern.

ÜBUNGEN FÜR DEN DARM

Übung 4

Ausgangsposition: Im Sitzen
Ablauf: Lehnen Sie den Oberkörper leicht zurück und stützen Sie sich mit den Händen hinten ab. Achten Sie darauf, dass der Kopf nicht zwischen den Schultern versinkt. Die Beine werden zusammen etwa 35 Zentimeter angehoben. Beim Einatmen ziehen Sie das linke Bein zum Oberkörper. Beim Ausatmen wird das rechte Bein angezogen und das linke gleichzeitig ausgestreckt (Abb. 4). Die Beine werden zügig und parallel zum Boden bewegt.
Ende: Ein- und ausatmen, die Beine locker auf dem Boden ausstrecken; ein- und ausatmen; Position entspannen.
Wirkung: Die Bauchmuskulatur, die Verdauungsorgane und die Hüften werden gekräftigt. Diese Übung verleiht Ihnen ein frisches Aussehen.

Abb. 4

Ende: Mit aufrechtem und geradem Oberkörper einatmen; ausatmen und die Arme entspannen.
Wirkung: Diese Übung aktiviert die Verdauungsorgane und verbessert die Entgiftung.

Übung 5

Ausgangsposition: Im Stehen
Ablauf: Die Beine stehen schulterbreit auseinander. Legen Sie die Hände so auf die Hüften, dass die Finger nach vorne zeigen und der Daumen nach hinten. Beschreiben Sie nun mit dem Oberkörper aus der Hüfte heraus weite, große Kreise – zuerst linksherum (Abb. 5).
Atmen Sie ein, wenn sich der Oberkörper leicht nach hinten neigt, und atmen Sie aus, wenn er wieder nach vorne kommt. Wechseln Sie nach zwei Minuten die Bewegungsrichtung. Während dieser Übung konzentrieren Sie sich auf das Dritte Auge.

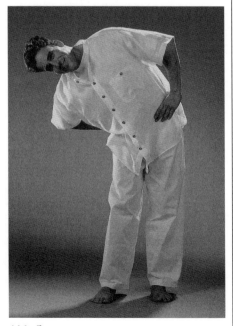

Abb. 5

KUNDALINI-YOGA IN DER PRAXIS

Abb. 6

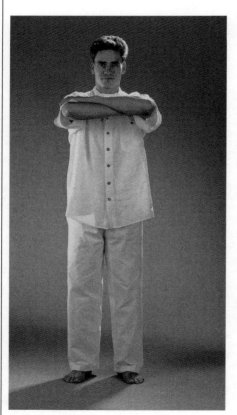

Abb. 7

Übung 6
Krähenposition

Ausgangsposition: Im Stehen
Ablauf: Setzen Sie sich in die Hocke. Verschränken Sie die Arme und greifen Sie mit der linken Hand den rechten Oberarm und mit der rechten Hand den linken Oberarm. Der Kopf bleibt gerade und aufrecht (Abb. 6). Mit dem Einatmen kommen Sie in den Stand (Abb. 7), mit dem Ausatmen gehen Sie wieder in die Hocke. Die Arme bleiben ständig parallel zum Boden.
Ende: Ein- und ausatmen in der Hocke; Position entspannen.
Wirkung: Diese Übung verbessert die Entgiftung und die Ausscheidung über den Dickdarm. Der Blutkreislauf wird angeregt.

Übung 7

Ausgangsposition: Bauchlage
Ablauf: Greifen Sie Ihre Fußgelenke und ziehen Sie die Fersen zum Gesäß. Bringen Sie das Kinn auf den Boden (Abb. 8). Atmen Sie in dieser Position lang und tief.
Ende: Ein- und ausatmen; Position entspannen und in der Bauchlage ausruhen. Der Kopf liegt auf der Seite, die Arme entspannt neben dem Körper.
Wirkung: Die Funktion des Dickdarms wird angeregt.

ÜBUNGEN FÜR DEN DARM

Abb. 8

Abb. 9

Übung 8
Halbe Kobraposition

Ausgangsposition: Bauchlage
Ablauf: Stützen Sie sich auf die Unterarme. Die Hände liegen flach auf dem Boden, die Finger zeigen nach vorne. Der Kopf geht vorsichtig leicht in den Nacken. Halten Sie diese Position. Drehen Sie jetzt den Kopf beim Einatmen zur linken Seite (Abb. 9) und beim Ausatmen zur rechten.
Ende: Ein- und ausatmen in der Mitte. Kommen Sie ganz vorsichtig aus dieser Position heraus, ruhen Sie für einen Moment in der entspannten Bauchlage: der Kopf liegt auf der Seite, die Arme neben dem Körper.
Wirkung: Diese Übung stärkt die Verdauungsorgane, die Bauchmuskulatur sowie die Hals- und Lendenwirbelsäule. Die Funktion der Schilddrüse wird aktiviert.

Übung 9

Ausgangsposition: Im Liegen
Ablauf: Ziehen Sie die Knie zur Brust und umschlingen Sie mit den Armen die Unterschenkel (Abb. 10).
Rollen Sie auf der Wirbelsäule vor und zurück. Atmen Sie aus, wenn Sie nach hinten rollen (Abb. 11) und ein, wenn der Oberkörper hochkommt und die Füße den Boden berühren.

Abb. 10

KUNDALINI-YOGA IN DER PRAXIS

Ende: Ein- und ausatmen im Sitzen; Position entspannen.
Wirkung: Die Wirbelsäule und die Verdauungsorgane werden massiert und gekräftigt.

Abb. 11

Abb. 12

Übung 10
Sat Kriya

Ausgangsposition: Fersensitz
Ablauf: Die Wirbelsäule ist gerade. Strecken Sie die Arme senkrecht über den Kopf. Die Ellbogen sind durchgedrückt. Verschränken Sie die Finger im Venusschloss; nur die Zeigefinger zeigen senkrecht nach oben (Abb. 12). Sprechen Sie kraftvoll *Sat*. Dabei wird die Bauchdecke kurz eingezogen. Sagen Sie *Nam* und entspannen Sie die Bauchdecke wieder. Der Atem fließt unabhängig von den Bewegungen ein und aus. Fahren Sie rhythmisch fort für zwei Minuten.
Frauen, die ihre Menstruation haben, machen die Sat Kriya ohne die Bauchdecke anzuspannen!
Ende: Atmen Sie tief ein und vollständig aus; halten Sie für einen Moment den Atem aus und spannen Sie die Wurzelschleuse (siehe Seite 26) an. Wieder tief ein- und ausatmen; Arme und Körperhaltung langsam entspannen.
Wirkung: Diese Kriya kräftigt die Bauchmuskulatur und regt die Verdauungsorgane an. Sie transportiert die Energie von den unteren zu den oberen Chakren.

Zum Abschluss der Übungsreihe entspannen Sie sich 10 bis 15 Minuten in der Rückenlage. Kommen Sie nach der Entspannung durch die fünf Aufwachübungen ins Hier und Jetzt zurück (siehe Seite 41/42).
Setzen Sie sich in die einfache Haltung und machen Sie eine abschließende Meditation.

DIE LEBER

Die Leber – mit Entgiftung weniger giftig

Die Leber ist eines der größten Organe unseres Körpers und wiegt ungefähr 1,5 Kilogramm. Als „Stoffwechsel-Fabrik", deren Temperatur etwa 1,5 Grad über der normalen Körpertemperatur liegt, hat sie an die 500 Aufgaben.

- Sie entgiftet das Blut: Mit der Nahrung zugeführte oder im Organismus entstandenen Giftstoffe werden ausgeschieden.
- Sämtliches Blut, welches die Nährstoffe aus dem Verdauungstrakt aufgenommen hat, fließt zuerst zur Leber. Dort werden sie zum Teil für den Aufbau neuer Stoffe verwendet, zum Beispiel Aminosäuren für körpereigenes Protein oder Traubenzucker (Glucose) für die Energiereserve Glykogen.
- Die Leber ist auch ein Speicherorgan, unter anderem für Vitamin A, Glykogen, Fett und Blut.
- Sie produziert die Gallenflüssigkeit, die anschließend in der Gallenblase gespeichert wird.

Die Leber hat ein starkes Regenerationsvermögen. Selbst wenn 75 Prozent ihres Gewebes zerstört sind, erfüllt sie noch alle ihre Funktionen. Bemerkenswert ist auch, dass sie nie Schmerzen erzeugt.
Eine falsche Ernährung (zu viel, zu fett), insbesondere aber übermäßiger Alkoholgenuss und die Einnahme bestimmter Medikamente können die Leber dauerhaft schädigen, wenn sie sich nicht ausreichend regenerieren kann.

Die Leber braucht für eine optimale Funktion Bewegung, Sauerstoff, Eiweiß, eine ausgewogene Ernährung und ein normales Körpergewicht. Mit Yoga können Sie ihr all das geben.

- Beim Yoga und Spazierengehen wird die Leber massiert, ihre Durchblutung verbessert und sie mit zusätzlichem Sauerstoff versorgt.
- Eine yogische, vegetarische Ernährung enthält hochwertiges Eiweiß, ist vollwertig und reguliert unser Körpergewicht.
- Kundalini-Yoga hat einen stark reinigenden Effekt. Je weniger Gifte in unserem Kreislauf zirkulieren oder sich ablagern können, umso wacher und vitaler fühlen wir uns.

Gesunde Ernährung für die Leber

Die Funktionen der Leber können durch bestimmte Nahrungsmittel verbessert werden. Rote Bete zum Beispiel wirkt stark entgiftend. Rettich und Artischocken wiederum unterstützen die Gallebildung und damit die Fettverdauung. Ananas und Mangos schließlich intensivieren die Leberfunktionen. Aber auch Löwenzahn wirkt hilfreich. Sehr gut geeignet sind die jungen Blätter im Frühjahr von einer sauberen Wiese. Angemacht als Salat oder pur auf Brot schmeckt er zwar etwas bitter, ist aber eine Wohltat für unsere Leber.

KUNDALINI-YOGA IN DER PRAXIS

Trinken Sie zur Leberentgiftung zwei Wochen lang täglich ein bis zwei Gläser eines Getränks bestehend aus zwei Teilen Rote-Bete- und einem Teil Karottensaft. Fügen Sie einen Tropfen Öl dazu, damit die fettlöslichen Vitamine im Darm besser aufgenommen werden. Oder machen Sie eine Woche die schon erwähnte „Grüne Diät" (siehe Seite 82).

Um die Leber nicht zu überfordern, sollten die Abstände zwischen den Mahlzeiten mindestens vier Stunden betragen. Vermeiden Sie es außerdem, nach Sonnenuntergang schwere Speisen, Fleisch, Eier, sowie gebratenes Gemüse, Käse, Erdnüsse, Äpfel, Bananen und Karotten zu essen. Diese Art von Speisen können abends, bei unzureichender Verdauung, schnell zu Fäulnis und Gärung im Darm führen. Die dabei entstehenden Gifte belasten die Leber.

Psyche und Leber

Aussprüche wie *Ihm ist eine Laus über die Leber gelaufen* oder *Ihm läuft die Galle über* beschreiben anschaulich, wie Ärger und unterdrückte Wut die Leber belasten und ihre Funktionen stören können. Sowohl für unseren Körper als auch für unsere Seele ist es wichtig, Wut zu kanalisieren und loszuwerden. Eine meiner Methoden hierfür möchte ich Ihnen an die „Leber" legen: Nehmen Sie ein Handtuch und machen Sie eine Rolle daraus. Drehen Sie nun die Rolle, wringen Sie sie und schimpfen Sie dabei. Wenden Sie Ihre volle Kraft auf und spüren Sie Ihre Energie. Dieses Verfahren wirkt befreiend und hilft Ihnen die Ursache für Ihre Wut zu verändern. Die Leber wird im Yoga auch „die Mutter des Herzens" genannt. Je weniger Giftstoffe und Wut uns belasten, umso vitaler sind wir.

Übungen für die Leber

Machen Sie jede Übung ein bis drei Minuten, wenn keine andere Zeit angegeben ist. Konzentrieren Sie sich während der Übungen auf das Mantra *Sat Nam*. Nach jeder Übung entspannen Sie sich einen kurzen Moment. Die Ausgangspositionen sind auf Seite 34 bis 36 beschrieben.

Übung 1

Ausgangsposition: Einfache Haltung
Ablauf: Strecken Sie die Arme parallel zum Boden seitlich aus. Machen Sie Fäuste, die Daumen zeigen dabei senkrecht nach oben. Beim Einatmen drehen Sie den Oberkörper und den Kopf zur linken Seite; beim Ausatmen drehen Sie sich zur rechten Seite (Abb. 1). Die Arme bleiben parallel zum Boden.

ÜBUNGEN FÜR DIE LEBER

Abb. 1

Abb. 2

Abb. 3

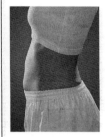

Abb. 4

Ende: Einatmen in der Mitte; ausatmen und die Arme entspannen.
Wirkung: Diese Übung regt Leber und Gallenblase an. Der Magen, die Brustmuskulatur und die Brustwirbelsäule werden positiv beeinflusst.

Übung 2

Ausgangsposition: Einfache Haltung
Ablauf: Die Hände liegen locker auf den Knien; die Wirbelsäule wird gerade hochgestreckt (Abb. 2). Atmen Sie langsam ein und zählen Sie dabei innerlich von eins bis fünf. Atmen Sie sehr langsam wieder aus und halten Sie den Atem aus. Ziehen Sie nun Ihren Bauch rhythmisch ein (Abb. 3) und wieder aus (Abb. 4).
Beginnen Sie mit acht Pumpbewegungen und steigern Sie die Anzahl langsam auf höchstens 16 Mal. Danach atmen Sie wieder langsam ein ...

Ende: Tief ein- und ausatmen.
Wirkung: Diese Übung aktiviert die Funktionen der Leber und der Verdauungsorgane. Der Rückfluss des Blutes zum Herzen wird verbessert.

Übung 3

Ausgangsposition: Im Stehen
Ablauf: Die Füße stehen schulterbreit auseinander. Legen Sie die Hände so auf die Hüften, dass die Finger nach vorne zeigen und der Daumen nach hinten. Beschreiben Sie mit dem Oberkörper weite, große Kreise – zuerst linksherum.
Atmen Sie ein, wenn der Oberkörper sich leicht nach hinten neigt, und atmen Sie aus, wenn er wieder nach vorne kommt (Abb. 5).
Wechseln Sie dann nach zwei Minuten die Bewegungsrichtung. Konzentrieren Sie sich während der gesamten Übung auf das Dritte Auge.

KUNDALINI-YOGA IN DER PRAXIS

Abb. 5

Abb. 6

Ende: Der Oberkörper ist aufrecht und gerade; ein- und ausatmen; Arme entspannen.
Wirkung: Diese Übung aktiviert Leber, Galle, Magen und Darm.

Übung 4

Ausgangsposition: Im Stehen
Ablauf: Die Füße stehen schulterbreit auseinander. Strecken Sie die Arme seitlich parallel zum Boden aus; die Handflächen zeigen zum Boden. Beugen Sie den Oberkörper nach unten und berühren Sie mit der rechten Hand die Zehen des linken Fußes. Der linke Arm zeigt dabei senkrecht nach oben. Der Kopf wird leicht angehoben (Abb. 6).
Atmen Sie in dieser Übungshaltung lang und tief.
Wichtig: Diese Übung wird nur auf einer Seite durchgeführt.
Ende: Mit aufrechtem Oberkörper ein- und ausatmen; Arme entspannen.
Wirkung: Die Funktion der Leber wird aktiviert.

Übung 5

Ausgangsposition: Rückenlage
Ablauf: Verschränken Sie die Finger hinter dem Nacken im Venusschloss. Die Ellenbogen berühren den Boden. Heben Sie das gestreckte rechte Bein senkrecht nach oben (Abb. 7). Machen Sie in dieser Position zwei Minuten Feueratem.
Wichtig: Diese Übung wird nur auf einer Seite durchgeführt.

ÜBUNGEN FÜR DIE LEBER

Abb. 7

Ende: Tief einatmen und das Bein absenken; ausatmen.
Wirkung: Diese Übung aktiviert die Gallenblase und die Leberfunktionen.

Übung 6

Ausgangsposition: Rückenlage
Ablauf: Legen Sie die Arme neben den Körper. Spreizen Sie die Beine etwa 90 Zentimeter auseinander und heben Sie sie in einem Winkel von 60 Grad hoch (Abb. 8).
Machen Sie nun zwei Minuten lang Feueratem.
Ende: Tief einatmen; mit dem Ausatmen die Position entspannen.
Wirkung: Die Entgiftungsleistung der Leber, die Gallenblase und die Verdauungsorgane werden aktiviert.

Abb. 8

KUNDALINI-YOGA IN DER PRAXIS

Abb. 9

Abb. 10

Abb. 11

Übung 7

Ausgangsposition: Rückenlage
Ablauf: Legen Sie die Arme seitlich ausgestreckt auf den Boden, die Handflächen zeigen nach oben. Beim Einatmen heben Sie die gespreizten Beine in einem Winkel von 60 Grad hoch (Abb. 9).
Während des Ausatmens ziehen Sie die Knie zur Brust und umgreifen die Unterschenkel (Abb. 10).
Ende: Einatmen und dabei die Beine anheben; mit dem Ausatmen die Beine langsam wieder absenken; den ganzen Körper entspannen.
Wirkung: Diese Übung stärkt die Bauchmuskulatur und wirkt positiv auf die Leber, die Gallenblase und die Verdauungsorgane.

Übung 8
Maha Mudra

Ausgangsposition: Im Sitzen
Ablauf: Strecken Sie die Beine gerade vor sich aus, die Füße sind zusammen. Beugen Sie den Oberkörper nach vorne und ergreifen Sie die Zehen. Die Beine bleiben gestreckt und der Kopf hängt locker nach unten (Abb. 11). Machen Sie in dieser Position zwei Minuten Feueratem.
Ende: Beim Einatmen kommt der Kopf hoch und bildet mit dem Rücken eine gerade Linie; ausatmen und Position entspannen.
Wirkung: Diese Übung wirkt auf den Ischiasnerv, auf die Leber und die Gallenblase.

ÜBUNGEN FÜR DIE LEBER

Übung 9

Ausgangsposition: Einfache Haltung
Ablauf: Heben Sie mit dem Einatmen die gestreckten Arme seitlich hoch über den Kopf, sodass die Handrücken sich berühren (Abb. 12). Beim Ausatmen senken Sie die Arme wieder nach unten bis die Handflächen den Boden berühren.
Ende: Tief einatmen und die Hände über dem Kopf zusammenbringen; ausatmen und die Arme entspannen.
Wirkung: Diese Übung wirkt äußerst positiv auf die Funktion der Leber, der Lungen und des Herzens. Gleichzeitig wird das gesamte Nervensystem gestärkt.

Abb. 12

Übung 10

Ausgangsposition: Einfache Haltung
Ablauf: Legen Sie die rechte Hand locker auf die linke Seite des unteren Rückens; die Handfläche zeigt nach außen. Strecken Sie nun den linken Arm in einem Winkel von 60 Grad nach vorne aus; die Handfläche zeigt schräg nach unten. Beim Einatmen drehen Sie Oberkörper, Arm und Kopf nach links, beim Ausatmen nach rechts. (Abb. 13) Diese Position wird nur auf einer Seite ausgeführt.
Ende: Einatmen in der Mitte; mit dem Ausatmen die Arme entspannen.
Wirkung: Die Leber wird aktiviert und die Entgiftung verbessert.

Abb. 13

Zum Abschluss der Übungsreihe entspannen Sie sich 10 bis 15 Minuten in der Rückenlage. Kommen Sie nach der Entspannung durch die fünf Aufwachübungen ins Hier und Jetzt zurück (siehe Seite 41/42).
Setzen Sie sich in die einfache Haltung und machen Sie eine Meditation.

KUNDALINI-YOGA IN DER PRAXIS

Die Nieren –
ausscheiden und Angst loslassen

Weil wir *zwei* Nieren besitzen, bezeichnet man die Niere auch als paariges Organ. Sie liegen auf Höhe der unteren Brustwirbelsäule. Jede Niere besteht aus einer Nierenrinde und einem Nierenmark. Die Nierenrinde enthält ungefähr eine Million Kapseln, in denen das Blut gefiltert wird. Während Proteine und Blutzellen zurückgehalten werden, gelangt Wasser mit gelösten Stoffen in die Nierenkanälchen des Nierenmarks. Dort werden viele für den Körper wichtigen Stoffe, wie zum Beispiel Mineralien, wieder aufgenommen. Der Rest wird mit dem Urin ausgeschieden.

In einer Stunde wird unser gesamtes Blut zweimal gefiltert. Bei diesem komplexen Vorgang von Filterung und Rückgewinnung entstehen pro Tag etwa 1,5 Liter Urin. Dieser wird zuerst über unzählige Harnkanälchen zum Nierenbecken und von dort über die beiden Harnleiter zur Harnblase transportiert. Die Harnblase sammelt den Urin und entleert ihn dann in die Harnröhre. Eigentlich ist unser Urin gefiltertes „Blutwasser". Er ist normalerweise steril und enthält Mineralien, Harnsäure, Harnstoff, Kreatinin (entsteht bei Muskelarbeit), Vitamine, geringe Mengen Traubenzucker, Hormone und Antikörper unseres Immunsystems.

Die Nieren haben also die Aufgabe, Stoffwechselendprodukte (zum Beispiel Harnstoff) auszuscheiden und gleichzeitig wertvolle Blutbestandteile (wie Traubenzucker und Mineralien) zurückzugewinnen. Sie kontrollieren nicht nur unseren Wasser-Salz-Haushalt, sondern sind auch an der Regulation des Säure-Basen-Haushalts und an der Blutbildung beteiligt.

TIPP

In Indien ist es üblich, morgens eine Tasse Eigenurin zu trinken. Auch bei uns wird die Eigenurin-Therapie immer populärer. Der eigene Urin ist innerlich angewendet besonders wirkungsvoll bei allergischen Reaktionen: äußerlich hilft er bei Hauterkrankungen und macht gesunde Haut samtweich.

Gesunde Ernährung für die Nieren

Wasser ist der wichtigste Stoff für unsere Nieren. Trinken Sie deshalb morgens auf nüchternen Magen ein Glas warmes Wasser, um die Nieren anzuregen und ihre Entgiftungsleistung zu verbessern. Zusätzlich nehmen Sie täglich ungefähr zwei Liter Flüssigkeit, am besten reines Wasser, zu sich, damit Ihr Urin nicht zu konzentriert ist. Dies schützt Sie genauso wie eiweißarme Nahrung vor der Entwicklung von Nierensteinen.

DIE NIEREN

Verzehren Sie nur geringe Mengen von Rhabarber, Rosenkohl, Kakao, gekochten Tomaten und Spinat. Diese Nahrungsmittel enthalten nämlich viel Oxalsäure, welche ebenfalls zur Bildung von Nierensteinen führen kann. Alle grünen Gemüse, Sellerie, Petersilie, Weintrauben, Reis und Kartoffeln sind dagegen Nahrungsmittel, die die Nierenfunktion anregen und die Ausscheidung verbessern.

Essen Sie an einem Tag in der Woche ausschließlich Reis, am besten Basmati-Reis, gemischt mit Apfelmus. Ein solcher Reistag entwässert den Organismus und unterstützt die Filterleistung der Nieren.

Gurken und Brennnesseltee fördern die Ausscheidung von Harnsäure, deren Blutspiegel bei Gichtpatienten erhöht ist.

Empfehlenswert ist auch eine Melonendiät: Essen Sie ein bis zwei Tage ausschließlich Wassermelonen. Morgens streuen Sie noch etwas frischen Pfeffer über die Frucht. Sie können bei dieser Diät soviel Melone essen wie Sie mögen.

Eine schlechte Nierenfunktion führt unter anderem zu einer vermehrten Wasseransammlung im Gewebe. Vor allem zuviel Salz fördert diesen Prozess. Da viele unserer Lebensmittel, wie zum Beispiel Brot, Wurst, Käse und insbesondere Fertigmenüs, schon genügend Salz enthalten, ist zusätzliches Salzen unserer Speisen in der Regel nicht notwendig.

Psyche und Niere

Die Niere als paariges Organ hat auf der psychischen Ebene mit Beziehungsproblemen zu tun. Klären wir Schwierigkeiten in unserer Partnerschaft nicht auf, können Nierenfunktionsstörungen entstehen. Die Niere reagiert außerdem sensibel auf Ängste und Stress. Jede Art von seelischer Anspannung führt leicht zu einer Verkrampfung im Bereich der Filterkapseln der Niere.

Wie schon erwähnt, ist die Niere für die Konzentration des Harns zuständig. Eine Störung der *geistigen Konzentration*, wie Ungeduld, Unentschlossenheit und Intoleranz, können ebenfalls die Nierenfunktion schwächen. Insbesondere solche Übungen, welche die untere Wirbelsäule und den Nacken bewegen sowie die Muskulatur der Oberschenkelinnenseite beanspruchen, regen die Nieren an und führen zu einer vermehrten Ausscheidung von Stoffwechselendprodukten. Generell macht uns Kundalini-Yoga konzentrierter, reinigt das Blut und fördert die Ausscheidung. Außerdem baut es Stress ab und löst Ängste auf.

TIPP

Trinken Sie während der Nierenübungen viel Wasser, um den Prozess der Ausscheidung zu unterstützen!

KUNDALINI-YOGA IN DER PRAXIS

Übungen für die Nieren

Machen Sie jede Übung ein bis drei Minuten, wenn keine andere Zeit angegeben ist. Konzentrieren Sie sich während der Übungen auf das Mantra *Sat Nam*. Nach jeder Übung entspannen Sie sich einen kurzen Moment. Die Ausgangspositionen sind auf Seite 34 bis 36 beschrieben.

Ende: Einatmen, die Handflächen weisen wieder nach außen; ausatmen, gleichzeitig Arme und Position entspannen.
Wirkung: Diese Übung stimuliert Nieren und Nebennieren. Außerdem stärkt sie Lunge, Herz und Nervensystem.

Abb. 1

Abb. 2

Übung 1

Ausgangsposition: Einfache Haltung
Ablauf: Die Wirbelsäule ist ganz gerade. Strecken Sie beim Einatmen die Arme seitlich parallel zum Boden aus. Die Handflächen weisen jetzt nach außen (Abb. 1). Mit dem Ausatmen bringen Sie die Hände kraftvoll vor der Brust zusammen. Dabei berühren sich nur die unteren Handwurzeln (Abb. 2).

Übung 2
Kamelritt

Ausgangsposition: Fersensitz
Ablauf: Legen Sie die Hände ungefähr 20 Zentimeter vor den Knien auf den Boden. Die Fingerspitzen zeigen nach vorne, die Arme sind gestreckt. Drücken Sie nun beim Einatmen die Wirbelsäule durch. Dabei hebt sich die Brust nach oben; der Kopf folgt dieser Bewegung (Abb. 3).

ÜBUNGEN FÜR DIE NIEREN

Beim Ausatmen nehmen Sie die Wirbelsäule zurück; der Rücken krümmt sich, das Kinn wird zur Brust gezogen (Abb. 4).
Ende: Einatmen nach vorne, ausatmen nach hinten. Entspannen im Fersensitz; schließlich noch einmal tief ein- und ausatmen.
Wirkung: Diese Übung regt die Nierentätigkeit an und kräftigt die Muskulatur der Lenden- und Brustwirbelsäule.

Übung 3

Ausgangsposition: Einfache Haltung
Ablauf: Legen Sie die linke Hand auf den unteren Rücken, wobei die Handfläche nach außen zeigt.
Der rechte Arm ist in einem Winkel von 60 Grad nach vorne ausgestreckt, die Handfläche zeigt schräg nach unten. Die Augen bleiben geöffnet, die Wirbelsäule ist ganz gerade (Abb. 5). Sprechen Sie nun kraftvoll das Mantra

Abb. 3

Abb. 5

Abb. 4

Har (Schöpfer). Dabei schlägt die Zunge gegen den vorderen Gaumen und die Schneidezähne, gleichzeitig wird die Bauchdecke eingezogen. Machen Sie diese Übung zwei Minuten lang und wechseln Sie dann die Armhaltung.
Ende: Tief einatmen; ausatmen und die Position entspannen.
Wirkung: Die Entgiftungsleistung der Nieren wird angeregt. Die Nebennieren werden stimuliert.

Übung 4

Ausgangsposition: Im Sitzen
Ablauf: Strecken Sie die Arme nach vorne aus und ballen Sie die Hände zu Fäusten; die Daumen weisen gerade nach oben. Halten Sie die Wirbelsäule aufrecht (Abb. 6). Atmen Sie in dieser Haltung ein. Mit dem Ausatmen beugen Sie sich aus der Hüfte heraus so weit wie möglich nach vorne. Die Arme bleiben gestreckt und parallel zum Boden (Abb. 7).

Ende: Mit aufrechtem Oberkörper einatmen; ausatmen, dabei Arme und Hände entspannen.
Wirkung: Diese Übung verbessert die Nierenfunktion und kräftigt die Muskulatur der unteren Wirbelsäule.

Übung 5

Ausgangsposition: Rückenlage
Ablauf: Setzen Sie die Füße flach auf den Boden und ziehen Sie sie so weit wie möglich zum Gesäß. Die Knie sind jetzt aufgerichtet. Ergreifen Sie Ihre Fußgelenke.
Mit dem Einatmen heben Sie Gesäß und Becken so hoch wie möglich. Der Oberkörper und die Brust richten sich mit auf (Abb. 8). Beim Ausatmen senken Sie den Körper wieder ab.
Ende: Einatmen, Gesäß und Becken kommen noch einmal ganz hoch; ausatmen, dabei den Körper wieder absenken. In Rückenlage entspannen.

Abb. 6

Abb. 8

Wirkung: Anregung der Nieren und Nebennieren; Kräftigung der Lendenwirbelsäule. Diese Kriya ist optimal, um die weiblichen Organe zu stärken.

Abb. 7

ÜBUNGEN FÜR DIE NIEREN

Abb. 9

Abb. 10

Übung 6
Katz- und Kuhposition

Ausgangsposition: Im Sitzen
Ablauf: Kommen Sie in den Vierfüßlerstand. Nehmen Sie mit dem Einatmen den Kopf in den Nacken. Die Wirbelsäule hängt in einem tiefen Bogen nach unten (Kuhposition) (Abb. 9). Beim Ausatmen ziehen Sie das Kinn in Richtung Brust. Die Wirbelsäule, besonders im Brustbereich, wird nach oben gedrückt und beschreibt einen (Katzen-)Buckel (Abb. 10).
Ende: Einatmen in der Kuhposition; ausatmen. Danach kurz in der Babyposition entspannen (siehe Übung 4 auf Seite 131).

Wirkung: Diese Übung wirkt auf die Nieren, die Lunge, die Wirbelsäule und das Herz.

Übung 7

Ausgangsposition: Im Sitzen
Ablauf: Kommen Sie in den Vierfüßlerstand. Strecken Sie beim Einatmen das linke Bein nach hinten hoch und nehmen Sie den Kopf in den Nacken (Abb. 11). Mit dem Ausatmen bringen Sie Knie und Stirn vor der Brust zusammen (Abb. 12).

Abb. 11

Abb. 12

KUNDALINI-YOGA IN DER PRAXIS

Machen Sie diese Übungen eine Minute lang. Wechseln Sie dann zum rechten Bein und fahren Sie eine weitere Minute fort.
Ende: Einatmen, ein Bein ist nach hinten ausgestreckt; ausatmen, in der Babyposition (Übung 4 auf Seite 131); entspannen.
Wirkung: Diese Übung regt die Nieren an. Wirbelsäule, Lungen, Herz und Nervensystem werden gekräftigt.

Übung 8

Ausgangsposition: Rückenlage
Ablauf: Ziehen Sie die Knie zur Brust und umgreifen Sie mit den Armen die Unterschenkel. Heben Sie den Kopf und bringen Sie die Nase zwischen Ihre Knie. Machen Sie dabei Ihre Wirbelsäule rund (Abb. 13). Atmen Sie in dieser Haltung lang und tief. Unterstützen Sie Ihren Kopf mit den Händen, falls die Spannung im Nacken zu stark wird.
Ende: Tief einatmen; mit dem Ausatmen die Position entspannen.

Abb. 13

Wirkung: Diese Haltung regt die Nierentätigkeit an und kräftigt den Nacken. Sie hilft zusätzlich gegen Blähungen.

Übung 9
Kobraposition

Ausgangsposition: Bauchlage
Ablauf: Setzen Sie die Handflächen neben den Schultern auf den Boden. Die Finger zeigen nach vorne. Drücken Sie nun die Ellbogen durch. Der Oberkörper wird mit der Kraft der Arme nach oben gehoben. Nehmen Sie den

Abb. 14

ÜBUNGEN FÜR DIE NIEREN

Kopf so weit wie möglich in den Nacken. Die Schultern sind gerade und entspannt – nicht hochgezogen! Das Becken liegt auf dem Boden; das Gesäß ist entspannt (Abb. 14). Machen Sie in dieser Haltung zwei Minuten Feueratem.

Ende: Tief ein- und ausatmen. Rollen Sie nun den Oberkörper langsam und ganz vorsichtig ab in die Bauchlage. Drehen Sie den Kopf zur Seite und legen Sie die Arme neben den Körper. Die Handflächen zeigen nach oben. Entspannen Sie sich kurz.

Wirkung: Diese Übung regt die Nieren an, kräftigt die Wirbelsäule, die Sexualorgane und das Nervensystem. Gleichzeitig wird die Schilddrüsenfunktion aktiviert.

Abb. 15

Übung 10

Ausgangsposition: Einfache Haltung
Ablauf: Richten Sie Ihre Wirbelsäule ganz gerade auf. Verschränken Sie die Finger hinter dem Nacken im Venusschloss. Beim Einatmen lehnen Sie sich leicht zurück (Abb. 15).
Mit dem Ausatmen beugen Sie den Oberkörper nach vorne (Abb. 16). Die Stirn berührt dabei, wenn möglich, den Boden. Die Ellbogen bleiben gerade und die Oberarme befinden sich parallel zum Boden.

Ende: Mit aufrechtem Oberkörper einatmen; ausatmen und Arme entspannen.

Wirkung: Diese Übung regt die Nieren und die Blase an. Darüber hinaus kräftigt sie Lunge, Herz und Wirbelsäule.

Abb. 16

Zum Abschluss der Übungsreihe entspannen Sie sich 10 bis 15 Minuten in der Rückenlage. Kommen Sie nach der Entspannung durch die fünf Aufwachübungen ins Hier und Jetzt zurück (siehe Seite 41/42).
Machen Sie in der einfachen Haltung eine abschließende Meditation.

KUNDALINI-YOGA IN DER PRAXIS

Das Nervensystem –
unter Stress entspannen

Das Nervensystem ist ein komplexes Gebilde. Jeder Mensch besitzt etwa 15 Milliarden Nervenzellen. Zwei Drittel davon befinden sich in unserem Gehirn. Jede einzelne Nervenzelle ist über Schaltstellen (Synapsen) mit circa 25.000 anderen verbunden. Alle zusammen verarbeiten sie zehn Milliarden Signale pro Sekunde. Würde man die Nerven eines Körpers aneinander reihen, ergäbe dies eine Strecke von einer Million Kilometern.

Das Nervensystem besteht aus dem Gehirn, dem Rückenmark und den Nervenbahnen, die überall im Körper verteilt sind. Kundalini-Yoga beeinflusst vor allem das vegetative Nervensystem, das aus den Nervensträngen des Sympathikus und des Parasympathikus besteht. Der Sympathikus hat eine hauptsächlich anregende Wirkung, zum Beispiel auf den Herzschlag. Sein Gegenspieler, der Parasympathikus, wirkt dagegen eher beruhigend. Dem Vegetativum übergeordnet ist der Hypothalamus, ein Teil des Zwischenhirns. Er liegt in der Nähe der Hypophyse (Hirnanhangdrüse) und steht in enger Verbindung mit dem Drüsensystem.

Unser Gehirn besteht aus zwei Hälften. Die linke Gehirnhälfte beeinflusst unsere rechte Körperseite. Außerdem ist sie zuständig für logisches und analytisches Denken. Die rechte Gehirnhälfte wirkt auf unsere linke Körperseite und ist verantwortlich für intuitives und ganzheitliches Verständnis.

Kundalini-Yoga arbeitet besonders intensiv an der Verbindung und dem Ausgleich dieser beiden Seiten. Bei den Drehübungen wird immer links eingeatmet, um die rechte Gehirnhälfte zu aktivieren. Im übrigen wirken alle Meditationen auf die rechte Gehirnhälfte. Da unser westliches Denken vorwiegend analytisch und logisch ist, benötigen wir diesen Ausgleich. Yoga und Meditation verbessern auch die Koordination beider Gehirnhälften und schenken uns auf diese Weise mehr Nervenstärke und Konzentrationsfähigkeit. Außerdem können wir mit Problemen und schwierigen Lebenssituationen bewusster und souveräner umgehen.

Gesunde Ernährung für die Nerven

Für eine optimale Ernährung benötigen unsere Nervenzellen Traubenzucker, Vitamin B_1, Vitamin B_6 und Sauerstoff. Traubenzucker nehmen wir mit stärkehaltigen Nahrungsmitteln, wie Kartoffeln und Getreideprodukten, aber auch mit Zucker auf. Die B-Vitamine erhalten wir bei einer vegetarischen Ernährung zum größten Teil aus Vollkornprodukten. Weißer Zucker dagegen „entzieht" dem Körper B-Vi-

104

DAS NERVENSYSTEM

tamine und schwächt auf diese Weise das Nervensystem. Innere Unruhe, Nervosität und Konzentrationsstörungen können die Folgen sein.

Hier nun einige yogische Ernährungstipps „für die Nerven":

Hafer, Sellerie und Ingwer stärken unser Nervensystem. Oliven, Walnüsse und Tomaten verbessern unsere Gehirnaktivität. Zwiebeln sorgen für klares Denken. Eine Wohltat für unsere Nerven ist der regelmäßige Genuss von Yogi-Tee. Es handelt sich hierbei um einen wohlschmeckenden Gewürztee aus Ingwer, Kardamom, Zimt, Nelken und schwarzem Pfeffer.

Psyche und Nerven

Das Leben in unserer modernen Wohlstandsgesellschaft, insbesondere der ständige Zeitdruck und die Reizüberflutung, zerren an den Nerven der Menschen. Ungefähr 80 Prozent aller Krankheiten sind heute stressbedingt. Doch nicht jeder Stress ist schädlich: Wir brauchen sogar Herausforderungen, um geistig und körperlich fit zu bleiben. Aber alles im Universum ist nach dem Prinzip der Polarität aufgebaut. Es gibt Plus und Minus, männlich und weiblich. Dies bedeutet, dass auf eine Anspannung auch eine Entspannung folgen muss.

TIPP

Eine Fußmassage mit Mandelöl und Knoblauchsaft entspannt das gesamte Nervensystem.

Wieviel Spannung ein Organismus verträgt, ist individuell sehr verschieden und hängt von unserer Nervenstärke ab. Mit Yoga können Sie nicht nur lernen, sich richtig und tief zu entspannen, sondern auch, die Anforderungen, denen Sie sich aussetzen, Ihren Fähigkeiten entsprechend zu meistern. Die Yogaformel für ein starkes Nervensystem lautet: „Unter Stress entspannen ist möglich."

Mit unserer Atmung können wir das Nervensystem beeinflussen. Unter Stress wird unsere Atmung häufig oberflächlich und flach. Wir atmen dann hauptsächlich in den oberen Brustkorb. Diese falsche Atmung verstärkt noch unser Gefühl von Stress. Im Gegensatz dazu beruhigt eine tiefe Atmung in den Bauch unser Nervensystem und wir fühlen uns wieder ausgeglichen.

Yogaübungen versetzen unseren Körper in einen positiven Stress: Sowohl der lange und tiefe Atem, als auch der Feueratem bewirken, dass wir innerlich ruhig bleiben, obwohl der Körper angespannt wird.

Das Wunderbare beim Yoga ist, dass unser Nervensystem diesen neuen Umgang mit positiver Anspannung speichert. Yoga verändert unsere Gehirnmuster. Nach einiger Zeit des Übens können Sie erleben, wie Sie sogar in belastenden Situationen ruhig und gelassen reagieren. Sie haben gelernt, auch unter Stress zu entspannen.

Übungen für das Nervensystem

Machen Sie jede Übung ein bis drei Minuten, wenn keine andere Zeit angegeben ist. Konzentrieren Sie sich während der Übungen auf das Mantra *Sat Nam*. Nach jeder Übung entspannen Sie sich einen kurzen Moment. Die Ausgangspositionen sind auf den Seiten 34 bis 36 beschrieben.

Übung 1
Kamelritt

Ausgangsposition: Einfache Haltung
Ablauf: Ergreifen Sie Ihre Fußgelenke und biegen Sie beim Einatmen die Wirbelsäule nach vorne. Die Brust hebt sich nach oben (Abb. 1). Beim Ausatmen biegen Sie die Wirbelsäule nach hinten. Dabei wird die Brust leicht eingedrückt (Abb. 2). Halten Sie den Kopf immer gerade und aufrecht.

Ende: Tief einatmen, den Oberkörper vorstrecken; mit gerader Wirbelsäule ausatmen; entspannen.
Wirkung: Diese Kriya stärkt das Nervensystem und wirkt auf das Rückenmark und die Wirbelsäule.

Übung 2

Ausgangsposition: Einfache Haltung
Ablauf: Ballen Sie die Hände zu Fäusten; die Finger umschließen den Daumen. Strecken Sie Ihre Arme parallel zum Boden seitlich aus.
Beim Einatmen kreuzen Sie die Arme abwechselnd einmal vor dem Kopf und beim nächsten Mal hinter dem Kopf (Abb. 3).
Mit dem Ausatmen strecken Sie die Arme wieder seitlich, parallel zum Boden aus.

Abb. 1

Abb. 2

ÜBUNGEN FÜR DAS NERVENSYSTEM

Abb. 3

Abb. 4

Ende: Einatmen, die Arme bleiben parallel zum Boden; ausatmen, Arme und Hände entspannen.
Wirkung: Das gesamte Nervensystem wird gestärkt und die Schultern werden gekräftigt.

Übung 3

Ausgangsposition: Einfache Haltung
Ablauf: Legen Sie die Hände so an die Schläfen, dass die Finger wie Antennen gerade nach oben weisen. Mit dem Einatmen drehen Sie den Oberkörper und den Kopf nach links (Abb. 4), mit dem Ausatmen nach rechts.
Ende: Einatmen in der Mitte; ausatmen und Arme entspannen.
Wirkung: Das vegetative Nervensystem wird ausgeglichen, die Muskulatur der Wirbelsäule und der Schultern gekräftigt.

Abb. 5

Übung 4

Ausgangsposition: Im Sitzen
Ablauf: Grätschen Sie die Beine weit auseinander und ergreifen Sie mit den Händen Ihre großen Zehen. Die Arme und Beine sind während der gesamten Übung gestreckt. Mit dem Einatmen strecken Sie den Oberkörper gerade hoch. Das Kinn ist dabei leicht zur Brust gezogen. Beim Ausatmen neigen

107

Sie den Oberkörper einmal zum linken Bein (Abb. 5) und beim nächsten Ausatmen dann zum rechten Bein. Die Stirn berührt dabei jeweils das entsprechende Knie.
Ende: Einatmen in der Mitte; ausatmen und Haltung entspannen.
Wirkung: Das Nervensystem wird gestärkt, der Ischiasnerv positiv beeinflusst. Diese Übung bringt viel Energie in den Körper.

Übung 5

Ausgangsposition: Fersensitz
Ablauf: Spreizen Sie die Knie etwas auseinander und beugen Sie den Oberkörper nach vorne. Die Stirn berührt dabei den Boden. Strecken Sie die Arme nach vorne aus; die Handflächen liegen aneinander (Abb. 6). Atmen Sie in dieser Haltung lang und tief in den Bauch.
Ende: Tief ein- und ausatmen; Position entspannen.
Wirkung: Diese Übung verbessert die Durchblutung des Gehirns. Gleichzeitig wird die Rückenmarksflüssigkeit nach oben bewegt.

Abb. 7

Übung 6

Ausgangsposition: Im Stehen
Ablauf: Die Füße stehen dicht zusammen; Sie haben aber noch einen festen Stand. Verschränken Sie die Finger hinter dem Rücken im Venusschloss. Mit dem Ausatmen beugen Sie den Oberkörper nach unten. Wenn möglich, berührt die Stirn die Knie. Gleichzeitig strecken Sie die Arme senkrecht nach oben (Abb. 7).
Mit dem Einatmen kommen Sie wieder ganz hoch. Führen Sie die einzelnen Bewegungen langsam aus. Die Übungsdauer beträgt insgesamt zwei Minuten.
Ende: Einatmen in aufrechter Position; ausatmen, dabei Arme und Hände entspannen.
Wirkung: Diese Übung verbessert die Durchblutung des Gehirns und stärkt Brustwirbelsäule, Schultern, Lunge und Herz.

Abb. 6

ÜBUNGEN FÜR DAS NERVENSYSTEM

Abb. 8

Übung 7

Ausgangsposition: Rückenlage
Ablauf: Strecken Sie Arme und Beine senkrecht hoch. Die Handflächen zeigen zueinander (Abb. 8). Machen Sie nun zwei Minuten lang Feueratem.
Ende: Tief einatmen; ausatmen, Arme und Beine entspannen.
Wirkung: Diese Übung regt die Durchblutung des Gehirns an und stärkt das Nervensystem sowie das Herz.

Übung 8
Dreiecksposition

Ausgangsposition: Im Sitzen
Ablauf: Kommen Sie in den Vierfüßlerstand. Der Oberkörper wird auf Hände und Knie gestützt. Setzen Sie nun die Zehen auf (Abb. 9) und heben Sie Gesäß und Hüften nach oben. Die Beine und Arme sind jetzt durchgestreckt. Die Füße stehen – wenn möglich – flach auf dem Boden. Der Kopf befindet sich zwischen den Armen. Der gesamte Körper bildet so ein Dreieck mit einem Winkel von 60 Grad (Abb. 10). Atmen Sie in dieser Haltung lang und tief.
Ende: Tief ein- und ausatmen; der Körper kommt zurück in den Vierfüßlerstand; Position entspannen.
Wirkung: Gehirn und Nervensystem werden angeregt. Die Dreieckshaltung ist eine typische Anti-Stress-Position des Yoga.

Abb. 9

Abb. 10

KUNDALINI-YOGA IN DER PRAXIS

Abb. 11

Übung 9

Ausgangsposition: Einfache Haltung
Ablauf: Strecken Sie die Arme vor sich parallel zum Boden aus. Die Handflächen zeigen nach innen und sind ungefähr 15 Zentimeter voneinander entfernt. Mit dem Einatmen schwingen Sie die Arme so weit wie möglich nach hinten, immer noch parallel zum Boden (Abb. 11). Beim Ausatmen bringen Sie die Arme wieder in die erste Position zurück.
Ende: Einatmen, die Arme sind dabei seitlich ausgestreckt; ausatmen und Arme entspannen.
Wirkung: Diese Übung stärkt das Nervensystem und verbessert die Herz- und Lungenfunktion.

Übung 10

Ausgangsposition: Einfache Haltung
Ablauf: Die Hände liegen entspannt auf den Knien. Rollen Sie den Kopf langsam und in großen Kreisen – zuerst linksherum. Atmen Sie ein, wenn der Kopf leicht nach hinten geht und atmen Sie aus, wenn er nach vorne kommt. (Abb. 12)
Lassen Sie den Mund während der Übung leicht geöffnet. Wechseln Sie nach einer Minute die Drehrichtung.
Ende: Ein- und ausatmen mit aufrechtem, geraden Kopf.
Wirkung: Diese Übung fördert die Durchblutung des Kopfes. Außerdem wird die Muskulatur des Nackens und der Halswirbelsäule gekräftigt.

Zum Abschluss der Übungsreihe entspannen Sie sich 10 bis 15 Minuten in der Rückenlage. Kommen Sie nach der Entspannung durch die fünf Aufwachübungen ins Hier und Jetzt zurück (siehe Seite 41/42).
Setzen Sie sich in die einfache Haltung und machen Sie eine abschließende Meditation.

Abb. 12

DAS DRÜSENSYSTEM

Das Drüsensystem –
Hormone bringen uns in Stimmung

Laut Definition versteht man unter einer Drüse eine Zelle oder ein Organ, das eine Substanz (ein Sekret) abgibt. Dabei unterscheidet man grundsätzlich zwei Drüsenarten: Die eine Form sind die exokrinen Drüsen, deren Sekrete auf die Körperoberfläche (Schweiß-, Talgdrüsen) oder in das Innere des Atmungs- und Verdauungstraktes gelangen (zum Beispiel Schleimdrüsen; Leber, Bauchspeicheldrüse). Bei der anderen Form handelt es sich um endokrine Drüsen, die ihre Sekrete (Hormone) direkt an das Blut abgeben. Sie sind die wichtigsten Regulatoren der Körperfunktionen und neben dem Nervensystem der Hauptkontrolleur der Körperaktivitäten. Im Yoga nennen wir sie deshalb *die Wächter der Gesundheit.*

Das Nervensystem befähigt den Körper sich schnell anzupassen, wenn in der Umwelt Veränderungen stattfinden. Dagegen regulieren die endokrinen Drüsen Vorgänge von längerer Dauer, darunter das körperliche Wachstum, die geschlechtliche Reife und die Fortpflanzungsfähigkeit.

Zu den wichtigsten Hormondrüsen gehören: die Zirbeldrüse, die Hypophyse (Hirnanhangsdrüse), die Schilddrüse, die Nebenschilddrüsen, die Thymusdrüse, die Nebennieren, die Langerhans-Inseln (Inselorgan der Bauchspeicheldrüse) und die Keimdrüsen (Eierstöcke, Hoden).

Im Vergleich zu den übrigen Organen sind die Drüsen sehr klein. Sie haben jedoch mit ihren Sekreten, den Hormonen, einen großen Einfluss auf unseren Organismus.

Alle endokrinen Drüsen stehen miteinander in einem funktionellen Zusammenhang, wenngleich jede ihre eigenen Aufgaben zu erfüllen hat. Auch die Arbeitsweise der einzelnen Hormone ist unterschiedlich. Wie sie genau wirken, ist noch nicht in allen Details bekannt und muss noch weiter erforscht werden. So viel weiß man aber heute:

1. Es besteht eine enge Verbindung zwischen den endokrinen Drüsen einerseits und dem Gehirn bzw. dem Nervensystem andererseits, was eine stark gegenseitige Beeinflussung möglich macht.

2. Die Hormontätigkeit muss in einem sehr feinen und daher anfälligen Gleichgewicht gehalten werden.

Zirbeldrüse

Die Zirbeldrüse (Epiphyse) sitzt am hinteren Ende des Zwischenhirns. Sie produziert Melatonin, einen Stoff, der in letzter Zeit als „Wundermittel" für ewige Jugend bezeichnet wurde. Sicher ist, dass dieses Hormon unseren Schlaf-/Wachrhythmus regelt. Außerdem bildet die Zirbeldrüse Serotonin, welches – neben vielen anderen Wirkungen – Glücksgefühle in uns erzeugen kann.

111

KUNDALINI-YOGA IN DER PRAXIS

Yoga-Übungen und Meditationen, bei denen wir uns auf die Nasenspitze konzentrieren, regen die Zirbeldrüse direkt an.

Hypophyse

Die Hypophyse (Hirnanhangdrüse) ist die kleinste und gleichzeitig vielseitigste aller innersekretorischen Drüsen. Sie nimmt unter den Hormondrüsen eine zentrale Stellung ein, da sie unter anderem die Sekretion der Schilddrüse, der Nebennieren und der Geschlechtsdrüsen reguliert. Durch ein bestimmtes Hormon beeinflusst sie zum Beispiel das Körperwachstum. Besonders enge Beziehungen bestehen zwischen der Hypophyse und dem benachbarten Zwischenhirn. Im Hypothalamus, einem Teil des Zwischenhirns, werden Hormone gebildet, die entlang der Nervenbahnen in die Hypophyse gelangen, wo sie gespeichert werden. Eines dieser Hormone, das Oxytocin, löst zum Beispiel am Ende einer Schwangerschaft die Wehen aus, ein anderes ist für den Wasserhaushalt des Körpers zuständig. Das Oxytocin wird auch als Liebeshormon bezeichnet, weil es vermehrt gebildet wird, wenn wir liebevoll berührt oder gestreichelt werden.

Schilddrüse

Bei den Schilddrüsenhormonen Trijodthyronin und Thyroxin handelt es sich um Jod-Eiweiß-Verbindungen. Das heißt, für die Bildung dieser Hormone ist Jod von größter Bedeutung. 98 Prozent des vom Körper mit der Nahrung aufgenommenen Jods wird in der Schilddrüse gespeichert und in ihren Zellen konzentriert. Die Schilddrüsenhormone steuern den Sauerstoffverbrauch und die Wärmeproduktion, das Wachstum und die körperliche Entwicklung. Daneben beeinflussen sie auch das Zentralnervensystem und den Wasserhaushalt.

Nebenschilddrüsen

Die vier kleinen linsenförmigen Nebenschilddrüsen sitzen an den Polen der Schilddrüse. Das von ihnen gebildete Parathormon lässt den Kalziumspiegel des Blutes ansteigen, indem es Kalzium aus den Knochen mobilisiert, die Kalziumausscheidung über die Nieren vermindert und die Aufnahme über den Darm fördert. Parathormon steigert die Phosphatausscheidung der Nieren. Zusammen mit Vitamin D, das den Phosphorgehalt steuert, regen die Nebenschilddrüsen die Bildung von Knochengewebe an.

Thymusdrüse

Sie ist besonders bei Säuglingen und Kindern stark entwickelt und bildet sich später, nach der Pubertät, teilweise zurück. Die Thymusdrüse spielt für das Körperwachstum eine wichtige Rolle. Außerdem beeinflusst sie den Knochenstoffwechsel und erfüllt eine zentrale Funktion für die Entwicklung des Immunsystems.
Durch Kundalini-Yoga-Übungen kann die Thymusdrüse dazu angeregt werden, verstärkt Abwehrzellen zu bilden, was uns dann weniger anfällig für Infekte macht. Möglicherweise vergrößert sich die Drüse sogar wieder.

DAS DRÜSENSYSTEM

Nebennieren

Die Nebennieren bestehen aus zwei Abschnitten mit unterschiedlichen Funktionen. Die Nebennierenrinde bildet die so genannten Kortikoide, dies sind Hormone, die sehr vielfältige Aufgaben im Organismus wahrnehmen. Sie sind an der Regulierung des Salz- und Wasserhaushaltes beteiligt, beeinflussen den Eiweiß- und Kohlenhydratstoffwechsel und wirken entzündungshemmend.

Das Nebennierenmark bildet zwei Hormone, die unter anderem für den Anstieg des Blutdrucks sorgen, Adrenalin und Noradrenalin. Sie werden auch als Stresshormone bezeichnet. Für den Abbau dieser beiden Hormone ist körperliche Bewegung nach einer Stresssituation besonders wichtig, weil sie sonst weiter im Blut zirkulieren und den Blutdruck ständig erhöhen. Nehmen Sie morgens eine kalte Dusche, um Ihre Nebennieren anzuregen. Die Nebennieren produzieren das körpereigene Kortison vermehrt zwischen sechs und acht Uhr. Dieses wirkt unter anderem entzündungshemmend und antiallergisch. Kaltes Duschen in dieser Zeit regt diese Funktion an und hilft so zum Beispiel die Beschwerden bei Heuschnupfen zu vermindern.

Langerhans-Inseln der Bauchspeicheldrüse

Die Langerhans-Inseln der Bauchspeicheldrüse liefern neben dem Insulin auch das Hormon Glukagon, das dem Insulin entgegenwirkt. Beide Hormone regulieren die Blutzuckerkonzentration, damit die Körperzellen jederzeit Energie und Wärme erzeugen können.

Das Zentralorgan für den Zuckerstoffwechsel ist die Leber. Sie wandelt den Traubenzucker (Glukose) aus der Nahrung in Glykogen um, das als Speicherform für die Glukose dient und gibt je nach Bedarf wieder Zucker an das Blut ab. Insulin senkt den Blutzuckerspiegel, während Glukagon ihn durch den Abbau von Glykogen erhöht. Neben Insulin und Glukagon haben noch weitere Hormone, wie etwa die der Nebennierenrinde und der Schilddrüse einen Einfluss auf die Blutzuckerregulation.

Eierstöcke, Hoden

In den Eierstöcken und Hoden werden die Eizellen beziehungsweise Samenzellen produziert. Zudem werden dort die Geschlechtshormone gebildet.

Das komplexe Wechselspiel der einzelnen Hormone hat einen großen Einfluss auf unsere Gesundheit und unsere Gefühlszustände.

Mit speziellen Nahrungsmitteln und Yoga-Übungen können wir einen Ausgleich des Drüsensystems bewirken. Die so genannten „Goldenen Wurzeln", das sind Knoblauch, Ingwer und Zwiebeln, beeinflussen das Drüsensystem positiv. Grapefruits reinigen alle Drüsen. Sesam wirkt auf die Zirbeldrüse, die Hypophyse und die Geschlechtsdrüsen und verbessert ihre Funktionen.

Die Drüsen sind energetisch mit den einzelnen Chakren verbunden. Chakra-Übungen wirken deshalb direkt auf die Drüsen ein. Unsere Stimmungen sind abhängig von der richtigen Funktion unserer Drüsen und Hormone.

KUNDALINI-YOGA IN DER PRAXIS

Jeder medikamentöse Eingriff ins Gleichgewicht der Drüsen erzeugt fast immer körperliche und psychische Veränderungen. Ein gut funktionierendes Drüsensystem sorgt für unsere emotionale Stabilität. Die folgenden Kundalini-Yoga-Übungen aktivieren jeweils eine Drüse, während die letzte Übung fast das gesamte Drüsensystem harmonisiert.

Übungen für das Drüsensystem

Machen Sie jede Übung ein bis drei Minuten, wenn keine andere Zeit angegeben ist. Konzentrieren Sie sich während der Übungen auf das Mantra *Sat Nam*. Nach jeder Übung entspannen Sie sich einen kurzen Moment.

Übung 1

Ausgangsposition: Fersensitz
Ablauf: Nehmen Sie die Knie und die Füße so weit nach außen, dass das Gesäß den Boden berührt (Zölibatshaltung). Bleiben Sie im Fersensitz, falls die Spannung in den Knien zu stark wird. Ballen Sie die Hände zu Fäusten. Die Finger umschließen den Daumen. Beschreiben Sie jetzt mit den Fäusten Kreise vor der Brust. Die Fäuste werden dabei schnell und ganz nahe umeinander herum bewegt. Die Drehrichtung ist vorwärts (Abb. 1). Atmen Sie lang und tief.
Ende: Tief ein- und ausatmen; Arme und Hände entspannen.
Wirkung: Die Zirbeldrüse wird angeregt.

Abb. 1

Übung 2

Ausgangsposition: Einfache Haltung
Ablauf: Verschränken Sie die Hände vor der Brust im so genannten Bärengriff. Dabei wird die linke Hand mit der Handfläche nach außen vor die Brust gehalten. Die Finger sind gekrümmt, der Daumen ist unten. Die rechte Hand greift in die Finger der linken Hand, wobei der gekrümmte Daumen oben liegt und die Handfläche zum Körper zeigt. Üben Sie mit beiden Händen einen leichten Zug aus (Abb. 2).

ÜBUNGEN FÜR DAS DRÜSENSYSTEM

Übung 3

Ausgangsposition: Fersensitz
Ablauf: Heben Sie mit dem Einatmen die gestreckten Arme senkrecht über den Kopf und lehnen Sie sich leicht zurück. Die Handflächen zeigen nach vorne; die Wirbelsäule bleibt gerade (Abb. 4). Beim Ausatmen beugen Sie den Oberkörper nach vorne, sodass Stirn, Handflächen und Unterarme den Boden berühren (Abb. 5).

Abb. 2

Abb. 3

Abb. 4

Beim Einatmen strecken Sie die Arme parallel zum Boden nach vorne aus (Abb. 3). Mit dem Ausatmen ziehen Sie die Hände so weit zum Körper, dass sie dabei leicht die Brust berühren.
Ende: Einatmen, gleichzeitig die Arme ausstrecken; ausatmen, Arme und Hände entspannen.
Wirkung: Die Thymusdrüse wird aktiviert, das Herz positiv beeinflusst.

Abb. 5

KUNDALINI-YOGA IN DER PRAXIS

Ende: Mit aufrechtem Oberkörper einatmen; ausatmen und Arme entspannen.
Wirkung: Diese Übung regt die Funktion der Hypophyse und der Schilddrüse an.
Außerdem werden die Wirbelsäule sowie die Lungen und das Herz gestärkt.

Übung 4

Ausgangsposition: Rückenlage
Ablauf: Die Arme liegen neben dem Körper; die Handflächen zeigen zum Boden. Heben Sie jetzt den Kopf und drücken Sie das Kinn leicht zur Brust (Abb. 6).
In dieser Position machen Sie zwei Minuten lang Feueratem.
Ende: Tief einatmen, dabei die Position halten; ausatmen und eine entspannte Haltung einnehmen. Ruhen Sie sich kurz aus.
Wirkung: Diese Übung stimuliert die Schilddrüse und kräftigt die Nackenmuskulatur.

Übung 5

Ausgangsposition: Einfache Haltung
Ablauf: Ballen Sie die Hände zu Fäusten, dabei umschließen die Finger die Daumen. Die Arme sind parallel zum Boden nach vorne ausgestreckt. Die Handrücken zeigen nach außen. Mit dem Einatmen heben Sie den rechten Arm senkrecht nach oben, der linke

Abb. 7

Abb. 6

ÜBUNGEN FÜR DAS DRÜSENSYSTEM

bleibt nach vorne ausgestreckt (Abb. 7). Beim Ausatmen wechseln Sie die Armhaltung. Verbinden Sie die Bewegungen der Arme mit einem langen, tiefen und kraftvollen Atem.

Ende: Einatmen, dabei sind beide Arme nach vorne ausgestreckt; ausatmen und Arme entspannen.

Wirkung: Diese Übung regt die Nebenschilddrüse an und hilft, das Körpergewicht zu reduzieren.

Übung 6

Ausgangsposition: Fersensitz
Ablauf: Legen Sie die Handflächen locker auf die Oberschenkel und richten Sie die Wirbelsäule gerade auf. Lehnen Sie nun den Oberkörper um etwa 30 Grad nach hinten. Das Kinn wird dabei leicht zur Brust gezogen; der Nacken ist gerade (Abb. 8). Machen Sie in dieser Position zwei Minuten Feueratem.

Ende: Tief einatmen; mit aufrechtem Oberkörper ausatmen; entspannen.
Wirkung: Die Funktionen der Bauchspeicheldrüse werden aktiviert.

Übung 7

Ausgangsposition: Im Sitzen
Ablauf: Kommen Sie in den Vierfüßlerstand. Strecken Sie dann das rechte Bein gerade nach hinten aus. Der Kopf geht in den Nacken (Abb. 9). In dieser Position machen Sie zwei Minuten lang Feueratem. Wechseln Sie dann zum linken Bein und machen

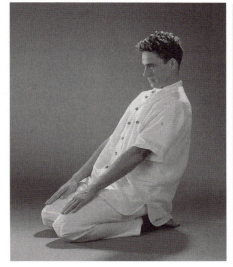

Abb. 8

Abb. 9

Sie erneut zwei Minuten Feueratem.
Ende: Einatmen, ausatmen; in der Babyposition (siehe Übung 4 auf Seite 131) entspannen.
Wirkung: Diese Übung aktiviert die Funktion der Nebennieren und steigert die Ausscheidungsleistung der Nieren.

KUNDALINI-YOGA IN DER PRAXIS

Abb. 10

Abb. 11

Übung 8

Ausgangsposition: Fersensitz
Ablauf: Legen Sie die linke Hand auf den Bauchnabel und die rechte Hand locker darüber. Halten Sie die Wirbelsäule gerade (Abb. 10). Beugen Sie nun den Oberkörper nach vorne, sodass die Stirn den Boden berührt. Das Gesäß wird in einem Winkel von 60 Grad hochgehoben (Abb. 11). Atmen Sie in dieser Haltung lang und tief.
Ende: Einatmen, gleichzeitig den Oberkörper aufrichten, die Wirbelsäule ist gerade; ausatmen und die Hände entspannen.
Wirkung: Diese Übung regt die Bauchspeicheldrüse und die Hypophyse an.

Übung 9

Ausgangsposition: Rückenlage
Ablauf: Legen Sie beide Hände unter das Gesäß, wobei die Handflächen den Boden berühren. Heben Sie nun die gestreckten Beine ungefähr 15 Zentimeter hoch. Der Kopf liegt auf dem

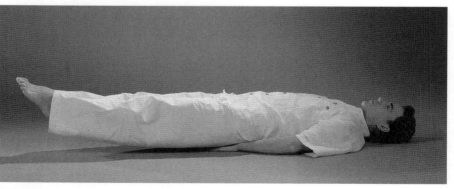

Abb. 12

ÜBUNGEN FÜR DAS DRÜSENSYSTEM

Boden (Abb. 12). Machen Sie in dieser Position zwei Minuten Feueratem.
Ende: Tief einatmen, Position halten; ausatmen und Körper entspannen.
Wirkung: Die Keimdrüsen werden positiv beeinflusst. Die Funktion der Geschlechtsorgane wird gestärkt.

Übung 10
Schulterstand

Ausgangsposition: Rückenlage
Ablauf: Ziehen Sie die Knie zur Brust (Abb. 13) und strecken Sie Beine und Hüften senkrecht nach oben. Gleichzeitig stützen die Hände den Körper in den Hüften ab. Der Körper ruht jetzt auf den Schultern, den Oberarmen und den Ellbogen. Das Kinn wird auf die Brust gedrückt (Abb. 14).
Atmen Sie nun in dieser Haltung lang und tief.
Ende: Tief ein- und ausatmen. Während Sie entspannt weiter atmen, rollen Sie den Körper Wirbel für Wirbel wieder in die Rückenlage.
Wirkung: Der Schulterstand aktiviert die Schilddrüse, die Hypophyse und den Kreislauf. Diese Übung ist ebenfalls sehr hilfreich, wenn Sie unter Krampfadern leiden.

Zum Abschluss der Übungsreihe entspannen Sie sich 10 bis 15 Minuten in der Rückenlage. Kommen Sie nach der Entspannung durch die fünf Aufwachübungen ins Hier und Jetzt zurück (siehe Seite 41/42).
Setzen Sie sich in die einfache Haltung und machen Sie eine abschließende Meditation.

Abb. 13

Abb. 14

KUNDALINI-YOGA IN DER PRAXIS

Das Immunsystem –
Abwehrkräfte voll in Schwung

Unser Immunsystem ist zuständig für die Abwehr von körperfremden Substanzen (zum Beispiel Krankheitserreger) und beseitigt gleichzeitig körpereigene „anormale" Zellen (zum Beispiel Krebszellen). Es besteht aus: Knochenmark, Thymusdrüse, Milz, lymphatischen Organen wie Mandeln, Blinddarm, den kleinen Lymphknötchen in der Darmwand sowie den Lymphknoten und Lymphgefäßen. Eine wichtige Funktion im Abwehrsystem haben insbesondere die so genannten Lymphozyten (kleine weiße Blutkörperchen), die im Blut- und Lymphsystem kreisen. Sie gehören zur „Polizei" unseres Körpers und sorgen für den Abtransport von Bakterien und Giftstoffen.

Alle Übungen, die mit Laufen, Hüpfen, Springen, Rütteln und Schütteln zu tun haben, unterstützen unser Lymphsystem. Gelangen Krankheitserreger oder Fremdstoffe in unseren Körper, tritt das Immunsystem in Aktion. Es werden vermehrt Abwehrzellen gebildet; die Körpertemperatur wird erhöht (Fieber), um die Abwehr zu unterstützen. Heutzutage wird unser Immunsystem durch die Zunahme von Umweltgiften und industriell verarbeiteten und veränderten Nahrungsmitteln stark beansprucht. Als Folge davon kommt es sehr häufig zu Allergien, die als Fehlfunktion unseres Immunsystems betrachtet werden können.

Eine yogische Lebensweise unterstützt die Funktion unseres Abwehrsystems. Unsere Widerstandskräfte sind abhängig vom Gesamtzustand des Organismus. Eine vitalstoffreiche Nahrung und eine vertiefte Atmung stärken unsere Abwehrkräfte gegenüber Krankheitserregern. Yoga wirkt insbesondere durch die Anregung der Ausscheidungsorgane, durch eine Aktivierung des Kreislaufs und durch die Stimulierung der Abwehrzellen. Erreger werden also rascher unschädlich gemacht und zusammen mit Giftstoffen schnell ausgeschieden. Wenn Sie Yoga und Meditationen ausüben, heißt dies jedoch nicht, dass Sie nie wieder krank werden. Am Anfang erleben viele Yogaschüler sogar, dass sie etwas häufiger krank werden als vorher. Dies liegt daran, dass der Körper angesammelte „Schlacken" und Giftstoffe ausscheidet. Nach dieser Phase verbessert Yoga die Immunabwehr und auftretende Krankheiten werden viel schneller überwunden.

Gesunde Ernährung für das Immunsystem

Neben den Yogaübungen hat auch die Ernährung einen großen Einfluss auf unser Immunsystem. Vor allem Lebensmittel, die die Vitamine C und E sowie Beta-Carotin (Vorstufe des Vitamin A) enthalten, stärken die Abwehrkräfte.

ÜBUNGEN FÜR DAS IMMUNSYSTEM

Dazu zählen zum Beispiel Zitrusfrüchte, Paprika, Karotten, Brokkoli und pflanzliche Öle. Die Vitamine wirken zellschützend, indem sie so genannte „Freie Radikale" – das sind sehr aggressive Substanzen, die vor allem die Zellmembranen schädigen – unschädlich machen. Auch die Spurenelemente Zink und Selen schützen vor diesen Stoffen. Zink ist in Cashewnüssen, Erbsen und Sojabohnen enthalten. Selen kommt in Champignons, Kartoffeln, Paranüssen und Reis vor.

Um das Immunsystem zu unterstützen, ist es zudem von Bedeutung, den Anteil an tierischen Eiweißen möglichst gering zu halten. Insbesondere Milchprodukte sind häufig Auslöser für allergische Reaktionen.

Eine überwiegend vegetarische Kost enthält nur geringe Mengen an tierischen Eiweißen. Das Immunsystem hat es dabei leichter, seine tatsächlichen Abwehrfunktionen wahrzunehmen.

Psyche und Immunsystem

Es sind jedoch nicht nur körperliche Faktoren, die die Funktion unseres Immunsystems bestimmen. Auch die Psyche hat einen großen Einfluss darauf. Wir unterstützen unsere Abwehrkräfte etwa dadurch, das wir nicht alle negativen Stimmungen und Äußerungen unserer Mitmenschen gleich auf uns beziehen. Wenn wir in uns sicher und gefestigt sind, findet das Negative keine Resonanz in unserem Inneren.
Ein durch Yoga gesteigertes Selbstwertgefühl ist eine gute Voraussetzung für ein starkes Immunsystem.

Übungen für das Immunsystem

Machen Sie jede Übung ein bis drei Minuten, wenn keine andere Zeit angegeben ist. Konzentrieren Sie sich während der Übungen auf das Mantra *Sat Nam*. Nach jeder Übung entspannen Sie sich einen kurzen Moment.

Übung 1

Ausgangsposition: Einfache Haltung
Ablauf: Die Wirbelsäule ist gerade aufgerichtet. Bringen Sie beim Einatmen die Hände in Gebetshaltung vor der Brust zusammen (Abb. 1).

Abb. 1

KUNDALINI-YOGA IN DER PRAXIS

Abb. 2

Mit dem Ausatmen strecken Sie die Arme parallel zum Boden seitlich aus. Die Handflächen weisen jetzt nach außen (Abb. 2).
Ende: Einatmen, die Hände sind vor der Brust zusammen; ausatmen und Arme entspannen.
Wirkung: Die Armbewegungen aktivieren die Achsellymphknoten und die Lymphbahnen in den Armen. Gleichzeitig regt die Öffnung im Brustbereich und die Handhaltung vor der Brust die Thymusdrüse an.

Übung 2

Ausgangsposition: Einfache Haltung
Ablauf: Strecken Sie die Arme parallel zum Boden nach vorne aus. Die Handflächen zeigen nach unten. Beschreiben Sie nun mit den gestreckten Armen aus den Schultern heraus große Kreise, zuerst linksherum. Nach zwei Minuten wechseln Sie die Drehrichtung. Atmen Sie lang und tief. (Abb. 3)

Ende: Einatmen, die Arme sind nach vorne ausgestreckt; ausatmen und Arme entspannen.
Wirkung: Diese Übung regt den Lymphfluss in den Armen an. Außerdem werden die Lymphknoten in den Achselhöhlen und die Thymusdrüse aktiviert.

Abb. 3

Übung 3

Ausgangsposition: Einfache Haltung
Ablauf: Verschränken Sie die Hände vor der Brust im so genannten Bärengriff. Dabei wird die linke Hand mit der Handfläche nach außen vor die Brust gehalten. Die Finger sind gekrümmt, der Daumen ist unten. Die rechte Hand greift in die Finger der linken Hand, wobei der gekrümmte Daumen oben liegt; die Handfläche zeigt zum Körper. Die Unterarme sind parallel zum Boden. (Abb. 4)

ÜBUNGEN FÜR DAS IMMUNSYSTEM

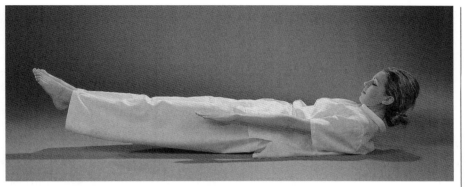

Abb. 5

Atmen Sie ein, halten Sie den Atem kurz an und ziehen Sie kraftvoll an den Händen, ohne den Griff zu öffnen. Beim Ausatmen lösen Sie die Spannung in den Armen.
Wiederholen Sie Anspannung und Entspannung mehrmals.
Ende: Tief einatmen; ausatmen, Bärengriff lösen und Arme entspannen.
Wirkung: Diese Übung aktiviert die Thymusdrüse und das Immunsystem. Außerdem ist sie hilfreich bei Allergien.

Übung 4
Streckposition

Ausgangsposition: Rückenlage
Ablauf: Die Beine sind ausgestreckt, die Füße liegen aneinander. Heben Sie die Beine ungefähr 15 Zentimeter hoch. Gleichzeitig werden die gestreckten Arme ebenfalls 15 Zentimeter über dem Boden gehalten. Heben Sie nun den Kopf und führen Sie das Kinn zur Brust. Drücken Sie den unteren Rücken bewusst zum Boden (Abb. 5).
In dieser Position machen Sie Feueratem. Beginnen Sie mit einer halben Minute und steigern Sie dann langsam die Übungszeit auf drei Minuten.
Ende: Tief einatmen, dabei Streckposition halten; ausatmen und Kopf, Arme sowie Beine entspannen.

> **TIPP**
>
> *Vermeiden Sie unbedingt ein Hohlkreuz in dieser Position! Legen Sie zur Unterstützung am Anfang die Hände unter das Gesäß, wobei die Handflächen nach unten zeigen.*

Abb. 4

Wirkung: Die Anspannung im Bauchbereich regt die Lymphknoten des Darms an. Diese Übung unterstützt die Verdauungsorgane und aktiviert Leber und Milz. Außerdem wird das Nervensystem gekräftigt und der Nabelpunkt gestärkt.

Übung 5

Ausgangsposition: Im Sitzen
Ablauf: Strecken Sie die Beine gerade nach vorne aus und richten Sie die Wirbelsäule auf. Lehnen Sie dann den Oberkörper etwas nach hinten und stützen Sie sich mit den durchgedrückten Armen ab. Die Finger zeigen nach hinten.
Ziehen Sie jetzt die Knie hoch und bewegen Sie die Unterschenkel in der Luft schnell auf und ab. Die Füße und Knöchel bleiben dabei ganz locker (Abb. 6).

Ende: Tief einatmen, ausatmen, Beine entspannen.
Wirkung: Die Lymphknoten in der Leistenbeuge und der Lymphfluss in den Beinen werden aktiviert.

Abb. 7

Übung 6

Ausgangsposition: Rückenlage
Ablauf: Heben Sie die gestreckten Beine senkrecht hoch. Die Arme liegen an den Seiten des Körpers. Überkreuzen Sie jetzt die Beine und bewegen Sie die Zehen vor und zurück. Atmen Sie während der Übung lang und tief. (Abb. 7)
Ende: Tief ein- und ausatmen; Beine langsam absenken und in der Rückenlage entspannen.
Wirkung: Diese Übung stärkt die Funktion der Milz und regt den Blutkreislauf sowie den Lymphfluss in den Beinen an.

Abb. 6

ÜBUNGEN FÜR DAS IMMUNSYSTEM

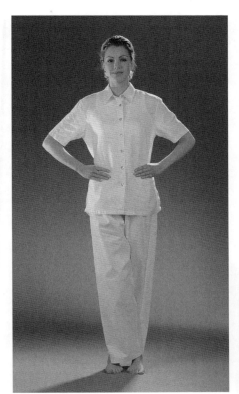

Abb. 8

Übung 8

Ausgangsposition: Im Sitzen
Ablauf: Die Beine sind ausgestreckt; die Wirbelsäule ist gerade. Strecken Sie beim Einatmen die Zehen nach vorne (Abb. 9). Mit dem Ausatmen ziehen Sie sie zum Körper (Abb. 10).
Ende: Ein- und ausatmen, dabei die Füße entspannen.
Wirkung: Diese Übung regt den Lymphfluss in den Füßen und Beinen an. Außerdem ist sie hilfreich bei Krampfadern.

Übung 7

Ausgangsposition: Im Stehen
Ablauf: Legen Sie die Hände so auf die Hüften, dass die Finger nach vorne zeigen und der Daumen nach hinten. Mit dem Einatmen springen Sie hoch und kreuzen dabei schnell die Beine. Beim Ausatmen kommen Sie mit den gekreuzten Beinen auf den Boden (Abb. 8). Kreuzen Sie die Beine beim Hochspringen immer im Wechsel.
Ende: Einatmen im Stehen; ausatmen und Arme entspannen.
Wirkung: Die Lymphknoten in der Leistenbeuge und der gesamte Lymphfluss im Körper werden angeregt.

Abb. 9

Abb. 10

125

Übung 9

Ausgangsposition: Einfache Haltung
Ablauf: Halten Sie die Hände so in Herzhöhe vor die Brust, dass die Fingerspitzen zueinander zeigen und die Handflächen nach unten weisen (Abb. 11). Beim Einatmen heben Sie die Schultern und die Ellbogen hoch (Abb. 12), mit dem Ausatmen senken Sie sie wieder in die ursprüngliche Position. Die Hände bleiben immer in Herzhöhe. Atmen Sie während der Übung kraftvoll lang und tief.
Ende: Ein- und ausatmen, die Schultermuskulatur ist locker; Arme und Hände entspannen.
Wirkung: Die Lymphknoten in den Achselhöhlen und der Lymphfluss in den Armen werden angeregt. Gleichzeitig wird die Schultermuskulatur gelockert.

Abb. 11

Abb. 12

Übung 10

Ausgangsposition: Einfache Haltung
Ablauf: Verschränken Sie die Finger im Venusschloss und strecken Sie dann die Arme senkrecht hoch. Die Handflächen zeigen dabei nach oben. Mit dem Einatmen beugen Sie den Oberkörper zur linken Seite; beim Ausatmen bewegen Sie ihn zur rechten (Abb. 13).
Ende: Mit geradem Oberkörper ein- und ausatmen; Arme entspannen.
Wirkung: Die Lymphbahnen in den Armen und die Lymphknoten in den Achselhöhlen werden angeregt. Lunge, Herz und Nervensystem werden gestärkt.

Zum Abschluss der Übungsreihe entspannen Sie sich 10 bis 15 Minuten in der Rückenlage. Kommen Sie nach der Entspannung durch die fünf Aufwachübungen ins Hier und Jetzt zurück (siehe Seite 41/42).
Setzen Sie sich in die einfache Haltung und machen Sie eine abschließende Meditation.

ÜBUNGEN FÜR DAS IMMUNSYSTEM

Abb. 13

KUNDALINI-YOGA IN DER PRAXIS

Die Augen – klare Sicht in jeder Lebenslage

Das Auge besteht im Wesentlichen aus der Hornhaut, der Iris, der Linse, dem Glaskörper, der Netzhaut und den Augenmuskeln. Das Licht erreicht zuerst die Hornhaut und die Linse. Dieser Augenbereich bestimmt die Schärfe und Klarheit eines Objekts. Dort werden die Lichtstrahlen so gebrochen, dass auf der Netzhaut ein umgekehrtes Bild entsteht. Kurz- oder Weitsichtigkeit wird unter anderem vom Zustand der Linse und der Augenmuskeln beeinflusst. Entsteht das gebrochene Bild vor unserer Netzhaut, sind wir kurzsichtig. Liegt das Bild hinter der Netzhaut, sind wir weitsichtig.

Auf der Netzhaut finden wir so genannte Photorezeptoren – Stäbchen, die für Hell- und Dunkelsehen und Zapfen, die für Farbensehen verantwortlich sind. Über den Augennerv gelangen die Lichtreize zum Gehirn, wo das „bewusste" Sehen abläuft. Wir können unsere Sehschärfe auf mehrere Arten trainieren und verbessern. Augenmuskeln verändern die Brechungskraft der Linse sowie die Länge des Augapfels. Durch Entspannung und Kräftigung der Augenmuskeln erreichen wir eine bessere Sehschärfe und benötigen häufig nur noch eine schwächere Brille. Viele Menschen, die Kundalini-Yoga-Übungen regelmäßig praktiziert haben, konnten schwächere Brillen benutzen oder sogar ganz auf ihre Brille verzichten.

Die Leber ist ebenfalls energetisch mit unseren Augen verbunden. Über die Anregung der Leberfunktion stärken wir also auch unsere Sehkraft. Bei den meisten Menschen finden wir ein stärkeres und ein schwächeres Auge. Dies hat mit unseren beiden Gehirnhälften (siehe Kapitel Nervensystem, Seite 104/105) zu tun. Das schwächere, „faulere" Auge wird von der Gehirnhälfte beeinflusst, die wir weniger benutzen. Die rechte Gehirnhälfte beeinflusst das linke Auge, die linke Gehirnhälfte wirkt auf das rechte Auge ein.

Es gibt einige Nahrungsmittel, die die Augenfunktion erhalten und verbessern. Diese enthalten viel Beta-Carotin, eine Vorstufe des Vitamin A, wie zum Beispiel Karotten, Aprikosen, Paprika und Mangos. Eine sehr eiweißhaltige Kost kann hingegen zu Ablagerungen auf der Hornhaut führen.

Die Augen, der Spiegel der Seele, sind auch ein direkter Ausdruck unserer inneren Haltung und Stimmung. Das Sehen und unsere Sichtweise beeinflussen sich gegenseitig. Die Augen zeigen oder verbergen unsere Gefühle. Sind wir innerlich offen und entspannt, dann leuchten unsere Augen und wir sehen klar. Wenn wir aber zum Beispiel Angst oder Unsicherheit verbergen wollen, spannen sich die Augenmuskeln an, wir gehen innerlich auf Distanz

ÜBUNGEN FÜR DIE AUGEN

und unser Blick wird verschwommen. Chronische Verspannungen der Augenmuskeln sind zum großen Teil mitverantwortlich für die Verschlechterung unserer Sehschärfe. Die Kurzsichtigkeit kann bedeuten, dass jemand sich hauptsächlich auf naheliegende Dinge und Projekte konzentriert – ihm fehlt dann der Weitblick. Weitsichtigkeit zeigt, dass eine Person gerne in die Ferne schweift und sich nicht auf Angelegenheiten konzentrieren kann, die direkt vor ihr liegen.

Eine gerade Halswirbelsäule sorgt für eine optimale Durchblutung des Kopfes und der Augen. Deshalb unterstützen Übungen zur Stärkung der Nackenmuskulatur die Augenfunktion.

Wenn Sie unter Augenstörungen leiden oder eine Brille tragen müssen, beantworten Sie sich in einer ruhigen Minute einmal die folgende Fragen:

Was in meinem Leben will ich nicht sehen oder hereinlassen?
Welche Art von Gefühlen darf ich nicht wirklich zeigen?
Sind meine Gedanken immer in der Vergangenheit oder in der Zukunft?
Wo bin ich uneinsichtig, was will ich nicht einsehen?

Durch die Kundalini-Yoga-Übungen und Meditationen wird Ihnen Ihre Persönlichkeit bewusster. Sie erkennen sich und andere und sehen klarer in jeder Lebenslage. Wenn wir wirklich hinschauen, bekommen wir im wahrsten Sinne des Wortes „Einsicht".

Die folgenden Yoga-Übungen sorgen für eine Entspannung sowie Kräftigung der Augenmuskulatur. Sie aktivieren beide Gehirnhälften gleichermaßen und lockern und kräftigen den Schulter-Nacken-Bereich. Zusätzlich werden die Funktionen der Leber angeregt.

Übungen für die Augen

Machen Sie jede Übung ein bis drei Minuten, wenn keine andere Zeit angegeben ist. Konzentrieren Sie sich während der Übungen auf das Mantra *Sat Nam*.

Nach jeder Übung entspannen Sie sich einen kurzen Moment.

Die Ausgangspositionen sind auf Seite 34 bis 36 beschrieben.

Übung 1
Katz- und Kuhposition

Ausgangsposition: Im Sitzen
Ablauf: Kommen Sie in den Vierfüßlerstand. Die Knie stehen etwa schulterbreit auseinander. Die Unterschenkel und die Füße sind nach hinten ausgestreckt, die Finger zeigen nach vorne. Nehmen Sie mit dem Einatmen den Kopf in den Nacken. Gleichzeitig hängt die Wirbelsäule in einem tiefen Bogen nach unten (Kuhposition) (Abb. 1).

129

KUNDALINI-YOGA IN DER PRAXIS

Abb. 1

Abb. 2

Beim Ausatmen ziehen Sie das Kinn zur Brust. Die Wirbelsäule, besonders im Brustbereich, wird jetzt nach oben gedrückt und beschreibt einen (Katzen-)Buckel (Abb. 2).
Ende: Einatmen in der Kuhposition; ausatmen. Danach kurz in der Babyposition (siehe Übung 4) entspannen.
Wirkung: Die Lockerung der Halsmuskulatur und die Kopfbewegungen verbessern die Durchblutung der Augen.

Übung 2

Ausgangsposition: Im Stehen
Ablauf: Die Füße stehen schulterbreit auseinander. Lassen Sie die Arme locker hängen. Beim Einatmen drehen Sie den Oberkörper und den Kopf locker und schwungvoll aus den Hüften heraus nach links. Beim Ausatmen schwingen Sie nach rechts. Die Arme folgen dem Schwung der Bewegungen. (Abb. 3)
Ende: Tief ein- und ausatmen in der Mitte.
Wirkung: Die Schwingbewegung lockert die Hals- und Rückenmuskulatur. Gleichzeitig werden die Augenmuskeln entspannt.

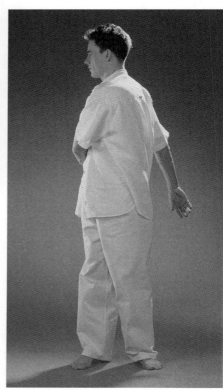

Abb. 3

ÜBUNGEN FÜR DIE AUGEN

Übung 3
Kamelritt

Ausgangsposition: Einfache Haltung
Ablauf: Ergreifen Sie Ihre Fußgelenke und biegen Sie beim Einatmen die Wirbelsäule nach vorne. Dabei hebt sich die Brust (Abb. 4). Beim Ausatmen biegen Sie die Wirbelsäule nach hinten. Die Brust wird jetzt leicht eingedrückt (Abb. 5). Halten Sie den Kopf während der gesamten Übung gerade und aufrecht.
Ende: Tief einatmen, dabei den Oberkörper vorstrecken; mit gerader Wirbelsäule ausatmen; entspannen.
Wirkung: Die Lockerung der Wirbelsäule und der Schultern verbessert den Energiefluss und die Durchblutung der Augen.

Abb. 4

Abb. 6

Übung 4
Babyposition

Ausgangsposition: Fersensitz
Ablauf: Beugen Sie den Oberkörper ganz nach vorne; die Stirn berührt dabei den Boden. Die Arme liegen an den Seiten des Körpers, die Handflächen zeigen nach oben. Nehmen Sie die Knie so weit auseinander, dass der Bauch genügend Platz hat (Abb. 6). Atmen Sie nun in dieser Haltung lang und tief.
Ende: Tief ein- und ausatmen; Position entspannen.
Wirkung: Diese Übung fördert die Durchblutung der Augen und entspannt die Augenmuskulatur. Der gesamte Körper entspannt sich tief.

Abb. 5

KUNDALINI-YOGA IN DER PRAXIS

Abb. 7

Abb. 8

Übung 5
Froschposition

Ausgangsposition: Im Stehen
Ablauf: Hocken Sie sich auf die Fußballen und nehmen Sie die Fersen zusammen. Stützen Sie nun die Fingerspitzen zwischen den nach außen gespreizten Knien auf den Boden. Oberkörper und Kopf sind gerade. (Abb. 7) Atmen Sie ein und bringen Sie gleichzeitig das Gesäß hoch. Die Beine werden jetzt gestreckt und der Kopf befindet sich zwischen den Armen (Abb. 8).
Danach, während Sie ausatmen, begeben Sie sich wieder in die ursprüngliche Position zurück. Machen Sie die Übung 26 oder 52 Mal.
Ende: Ein- und ausatmen in der Hocke; Position entspannen.
Wirkung: Die Bewegung des Kopfes verbessert die Durchblutung der Augen und des Gehirns. Bei dieser Übung wird der gesamte Blutkreislauf angeregt.

Übung 6

Ausgangsposition: Fersensitz
Ablauf: Strecken Sie die Arme parallel zum Boden nach vorne aus und lehnen Sie sich zurück (30-Grad-Winkel). Fixieren Sie mit entspannten Augen einen etwas weiter entfernten Punkt, möglichst in der Natur (Abb. 9). Atmen Sie in dieser Haltung lang und tief.

Abb. 9

ÜBUNGEN FÜR DIE AUGEN

Ende: Tief einatmen; mit aufrechtem Oberkörper ausatmen; entspannen.
Wirkung: Diese Übung verbessert die Sehkraft, stärkt das Nervensystem und regt Leber und Niere an.

Übung 7

Ausgangsposition: Einfache Haltung
Ablauf: Die Hände liegen locker auf den Knien, Oberkörper und Kopf sind gerade. Schauen Sie nun mit geöffneten Augen zuerst nach links, dann nach rechts, nach oben (Abb. 10) und schließlich nach unten. Zwischendurch rollen Sie die Augen mehrmals von einer Seite zur anderen sowie von oben nach unten und von unten nach oben. Atmen Sie dabei lang und tief.
Ende: Die Augen schließen; tief ein- und ausatmen.
Wirkung: Die Augenmuskulatur wird gestärkt und gleichzeitig entspannt.

Abb. 11

Übung 8

Ausgangsposition: Einfache Haltung
Ablauf: Die Hände liegen locker auf den Knien, die Handflächen zeigen nach unten. Rollen Sie den Kopf langsam in großen Kreisen – zuerst linksherum. Atmen Sie ein, wenn der Kopf leicht nach hinten geht und atmen Sie aus, wenn er nach vorne kommt. Lassen Sie den Mund während der Übung leicht geöffnet. Wechseln Sie nach einer Minute die Drehrichtung (Abb. 11).
Ende: Tief ein- und ausatmen, der Kopf ist gerade.
Wirkung: Die Entspannung der Nackenmuskulatur verbessert die Durchblutung der Augen.

Abb. 10

Übung 9

Ausgangsposition: Einfache Haltung
Ablauf: Bringen Sie die Hände in Gebetshaltung vor der Brust zusammen. Schauen Sie auf die Daumen und halten Sie den Nacken dabei gerade (Abb. 12). Atmen Sie lang und tief. Die Übungsdauer beträgt anfangs eine Minute und wird dann später auf drei Minuten ausgedehnt.
Ende: Die Augen schließen; tief ein- und ausatmen.
Wirkung: Diese Übung stärkt die Augenmuskulatur und regt den Sehnerv an.

Abb. 12

Übung 10

Ausgangsposition: Rückenlage
Ablauf: Reiben Sie die Handflächen ungefähr zehn Sekunden kräftig gegeneinander und legen Sie sie dann über Ihre Augen (Abb. 13). Ihr Körper ist entspannt. Atmen Sie lang und tief.
Ende: Ein- und ausatmen; Arme und Hände entspannen.
Wirkung: Diese Übung lockert die Augenmuskulatur und fördert die Durchblutung der Augen. Außerdem schirmt sie uns von äußeren Reizen ab und befreit von Stress.

Zum Abschluss der Übungsreihe entspannen Sie sich 10 bis 15 Minuten in der Rückenlage. Kommen Sie nach der Entspannung durch die fünf Aufwachübungen ins Hier und Jetzt zurück (siehe Seite 41/42).
Machen Sie in der einfachen Haltung eine abschließende Meditation.

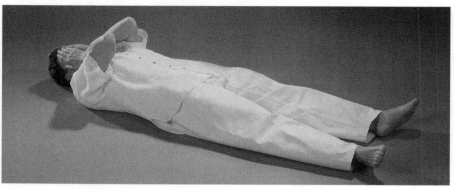
Abb. 13

GESUNDHEITLICHE STÖRUNGEN

Übungen zur Überwindung
von gesundheitlichen Störungen

Die Hinweise in diesem Kapitel dienen der Vorbeugung, Linderung und Überwindung von Beschwerden. Sie ersetzen jedoch keine medizinische Behandlung!

Abwehrschwäche

Machen Sie regelmäßig die Übungsreihe für das Immunsystem. Mit den Übungen für Leber und Niere können Sie außerdem die Entgiftung anregen. Eine vermehrte Ausscheidung von Giftstoffen stärkt unsere Abwehrkräfte. Besonders hilfreich für das Immunsystem ist auch die yogische Wassertherapie (Ishnaan): Nehmen Sie gleich morgens eine kalte Dusche. Vorher ölen Sie den Körper mit etwas Mandelöl ein. Duschen Sie zuerst die Beine, dann die Arme und zum Schluss den Oberkörper. Die Oberschenkel, die Geschlechtsorgane und der Kopf werden ausgelassen. Wiederholen Sie den Duschvorgang mindestens dreimal. Am besten ist es – nach einiger Gewöhnung – gleich mit dem ganzen Körper unter die kalte Dusche zu gehen. Massieren Sie dann die einzelnen Körperteile kräftig mit den Händen. Machen Sie als Frau kein Ishnaan während der Menstruation und der Schwangerschaft. Bei Bluthochdruck und Rheuma sollten Sie sich langsam an die kalte Dusche gewöhnen. Durch

Ishnaan werden die Abwehrkräfte gestärkt, der Kreislauf in Schwung gebracht und das Drüsensystem aktiviert.

Asthma bronchiale

Bei Asthma ist die Übungsreihe für die Lungen empfehlenswert. Besonders wirkungsvoll sind Übung 5 und Übung 6.
Der Dickdarm und die Nieren sind energetisch mit den Lungen verbunden. Machen Sie deshalb zusätzlich die Übungsreihen für diese beiden Organe. Bei Asthma muss der Feueratem zu Beginn vorsichtig ausgeübt werden. Legen Sie sich häufiger zur Entspannung auf den Rücken und atmen Sie eine Weile lang und tief. Die Bauchatmung wirkt lösend und befreiend.

Bluthochdruck

Alle Yogareihen harmonisieren den Blutdruck. Die Übungen für das Herz und die Nieren wirken unterstützend bei Bluthochdruck. Auch die folgende kleine Übung senkt Ihren Blutdruck: Setzen Sie sich in die einfache Haltung. Verschließen Sie mit dem Daumen der rechten Hand das rechte Nasenloch. Die übrigen Finger zeigen nach oben. Atmen Sie jetzt ausschließlich durch das linke Nasenloch lang,

135

KUNDALINI-YOGA IN DER PRAXIS

ruhig und tief ein und aus. Beginnen Sie mit ein bis zwei Minuten und verlängern Sie dann die Übungsdauer auf fünf Minuten. Wenden Sie diese Atmung durch das linke Nasenloch dreimal am Tag an.

Depressionen

Die Übungsreihen für das Nervensystem und das Drüsensystem wirken bei Depressionen harmonisierend. Die Übungen 7 und 8 aus der Reihe für den Magen lösen Ärger und Wut. Diese beiden Gefühle verbergen sich des Öfteren hinter einer Depression. Die yogische Wassertherapie – Ishnaan – (siehe Abwehrschwäche) wirkt Wunder! Dies ist auf eine Harmonisierung des Drüsensystems zurückzuführen. Nach der kalten Dusche ziehen Sie weiße Kleidung an. Dadurch wird Ihre Ausstrahlung vergrößert und Ihre Stimmung aufgehellt.

Kreislaufprobleme

Bei niedrigem Blutdruck helfen die Übungen für Herz und Wirbelsäule. Ursache der Beschwerden können Muskelverspannungen im Bereich der Schultern und der Halswirbelsäule sein, die den Blutkreislauf behindern. Mit der folgenden Übung können Sie einen niedrigen Blutdruck wieder normalisieren und begleitende Symptome wie Müdigkeit und Schwindel beseitigen: Setzen Sie sich in die einfache Haltung. Verschließen Sie mit dem Daumen der linken Hand das linke Nasenloch. Die

übrigen Finger zeigen nach oben. Atmen Sie ausschließlich durch das rechte Nasenloch lang, ruhig und tief ein und aus. Beginnen Sie mit ein bis zwei Minuten und verlängern Sie dann die Übungsdauer auf fünf Minuten. Wenden Sie diese Atmung durch das rechte Nasenloch dreimal am Tag an.

Rückenschmerzen

Fast alle Yogaübungen kräftigen die Rückenmuskulatur. Besonders empfehlenswert sind jedoch die Übungen für die Wirbelsäule. Unterstützend wirkt auch die Reihe für das Nervensystem. Gehen Sie dabei ganz behutsam vor. Wenn Sie unter akuten Ischias- oder Bandscheibenproblemen leiden, sollten Sie kein Kundalini-Yoga machen. Wärme, Entspannung und Meditationen sind dann vorerst besser. Eine kräftige und zugleich entspannte Rückenmuskulatur verbessert auch die Funktion der inneren Organe.

Venenbeschwerden

Sie entstehen meist durch einen Stau des Blutes in den Beinen. Deshalb helfen alle Übungen, bei denen die Beine schnell bewegt oder hochgehoben werden.
Machen Sie insbesondere die Übungen 2 und 3 aus der Reihe für den Darm, Nummer 10 aus der Reihe für das Drüsensystem, Nummer 7 aus der Reihe für das Nervensystem und die Übungen 5 und 6 aus der Reihe für das Immunsystem.

Meditationen

MEDITATIONEN

Was ist Meditation?

Meditation erscheint trotz vieler Veröffentlichungen den meisten Menschen noch als etwas Fremdartiges: Eine mysteriöse Angelegenheit, die aus Asien kommt. Ein unbekannter Vorgang, der vielleicht sogar Angst auslöst. Eine Übung, bei der man die Augen zumacht und darauf wartet, das etwas passiert. Jeder Mensch hat aber schon öfters in seinem Leben meditiert, ohne es vielleicht zu wissen. Wenn wir zum Beispiel aus dem Fenster blicken und die Wolken betrachten, so ist dies schon eine Form der Meditation. Wir schauen in den Himmel und lassen unseren Gedanken ihren freien Lauf. Ein Mensch, der in Stille meditiert, unterscheidet sich äußerlich nicht von jemanden, der schläft. In Wirklichkeit ist er jedoch äußerst achtsam und wach. Meditation bedeutet sinnende Betrachtung oder geistige Versenkung. Im Wort Meditation ist der Begriff *Medi* enthalten, abgeleitet von Medius, *die Mitte.* Verwandte Wörter sind Medizin (Heilkunde, Arznei) und Medicus (Arzt). Die Verbindung von *Betrachten* und *in die Mitte kommen* scheint also etwas mit Heilung zu tun zu haben. Meditation ist ein Vorgang, bei dem wir unseren Geist auf eine spezielle Weise benutzen. Dafür benötigen wir Achtsamkeit. Machen Sie einmal die folgende Übung. Schließen Sie die Augen und stellen Sie fest, was passiert: Sofort kommt irgendein Gedanke in Ihr Bewusstsein. Schon gleich erscheint der nächste und dann wieder ein anderer Gedankenblitz. Unser Verstand ist darauf ausgelegt, ständig zu denken. Es ist prinzipiell unmöglich, nichts zu denken. Nun gehen Sie über zu einer weiteren Übung: Zählen Sie innerlich ganz langsam von eins bis zehn. Gehen Sie aber in Gedanken immer wieder zur Eins zurück, wenn Sie etwas anderes denken als eine der Zahlen. Mit dieser Übung wird es schon leichter, die eigenen Gedanken zu zähmen. Der Geist ist auf die Zahlen eingeengt, die Gedankenflut verringert sich deutlich. Im Yoga heißt es, dass wir 1000 Gedankenimpulse in einer Sekunde haben. Pro Tag erscheinen in unserem Bewusstsein circa 30.000 bis 50.000 Gedanken – ein ständiger geistiger Wasserfall.

Am Anfang der Meditation steht also die Frage, wie bringe ich meine ständigen Gedanken zur Ruhe? Hierfür gibt es je nach Meditationstechnik unterschiedliche Hilfsmittel. Einige Konzentrationspunkte für unseren Geist sind zum Beispiel der Atem, ein Punkt auf dem Boden, das Licht einer Kerze oder ein Mantra. Im Kundalini-Yoga gibt es diverse Arten der Meditation. Am häufigsten benutzen wir Mantren. Diese Meditationswörter haben einen besonderen Klang und eine tiefe Bedeutung. Wir können aber auch ein deutsches Wort für die Meditation benutzen. Denken Sie zum Beispiel für einen Moment immer wieder das Wort *Freude.* Die ständige Wiederholung dieses Wortes bringt zuerst alle Ereignisse in un-

WAS IST MEDITATION?

ser Bewusstsein, die uns freudig stimmen oder gestimmt haben. Möglicherweise erkennen wir auch, dass es uns im Moment an Freude fehlt, und werden dadurch noch trauriger. Es ist deshalb oft leichter, mit Worten zu meditieren, die in unserem Bewusstsein nicht mit irgendwelchen Ereignissen verknüpft sind.

Die geistige Technik, die Gedanken bewusst zu lenken, lässt uns auch im Alltag achtsamer werden. Wir denken zentrierter, statt ständig von umhersausenden Gedanken beeinflusst zu werden. Im Laufe des Lebens machen wir nicht selten Erfahrungen meditativer Art, ohne uns dessen bewusst zu sein. Erinnern Sie sich einmal an die großen Momente Ihres Lebens: Augenblicke, die eine große Befriedigung erzeugt haben. Momente, in denen Sie eine tiefe Erfahrung machen durften. Dies waren sicherlich Erlebnisse mit intensiven Gefühlen. Tiefe Liebe, erfüllte Sexualität, eine ergreifende Musik oder eine plötzliche, schöpferische Inspiration gehören ebenso dazu wie die Geburt eines Kindes, ein wundervoller Sonnenuntergang oder die Befriedigung nach getaner Arbeit.

Alle diese Erfahrungen sind uns nicht fremd. Sie haben keinen mystischen, okkulten Charakter, sondern sind einfach Ausdruck eines intensiven Lebensgefühls. In diesen Momenten fühlen wir uns eins mit uns selbst und mit der Schöpfung. Wir empfinden nur noch Glück, Ekstase oder Seligkeit. Gleichzeitig nehmen diese Erlebnisse einen Schleier von unserem Bewusstsein, sodass wir das Wesen der Dinge, das Geheimnis des Lebens erkennen.

Meditation ist ein Weg zu diesem Einssein. Voraussetzung ist jedoch wirkliche Achtsamkeit und das Leben im Hier und Jetzt.

Ein Mantra, zum Beispiel *Ong* (Schöpfungskraft), hat immer eine positive Bedeutung und Schwingung. Es setzt sich während der Meditation wie ein Samenkorn in unser Unterbewusstsein. Dort aktiviert es Gedanken und Verhaltensmuster und bringt sie so in unser Bewusstsein. Dabei steigen auch negative Gedanken auf. In der Meditation reinigen wir unseren Geist von unbewussten Mustern. Gleichzeitig füllen wir unser Unterbewusstsein mit der positiven Schwingung des Mantras. Durch die Konzentration unseres Geistes auf die Schöpfungskraft, verändert sich unser Bewusstsein. Vielleicht fühlen wir uns am Anfang der Meditation noch etwas niedergeschlagen oder überdreht. Durch die Beschäftigung mit der Schöpfungskraft erhalten wir neue positive Impulse, wie wir unser Leben glücklicher gestalten oder uns mehr für unsere Umwelt einsetzen können.

Die Meditation ist also ein Weg der Erkenntnis. Hier erfahren wir, wie und wer wir wirklich sind. Man kann diesen Prozess mit Vorgängen in der Psychotherapie vergleichen. Die Auswirkungen von Meditationen sind jedoch viel weitreichender. Durch die Konzentration der Gedanken und die Achtsamkeit finden wir zu einer inneren Ruhe, die uns die Möglichkeit gibt, das Wesentliche, das wirklich Wichtige in unserem Leben zu erkennen.

Wir erfahren in der Meditation auch die Einheit aller Menschen, aller Lebe-

MEDITATIONEN

wesen und allen Lebens. Meditation wird so auch zu einem Weg der Hingabe. Sie gibt uns die Ehrfurcht vor dem Leben zurück. Wenn wir meditieren, geben wir uns an etwas Größeres und Höheres hin – an eine schöpfende Macht, die in uns selbst begründet ist und gleichzeitig auch außerhalb von uns alles Geschehen beeinflusst. Meditation öffnet das Herz und macht uns fähig, uns selbst zu lieben. Gleichzeitig schenkt sie uns auch die Liebe zur Schöpfung in all ihren Formen und Ausdrucksmöglichkeiten.

Wir erfahren, dass alles, was uns geschieht, einen tieferen Sinn hat. Durch diese aktive, bewusste Hingabe an jeden Moment des Lebens werden wir wirklich frei! Meditation ist somit Weg und Ziel zugleich.

Meditation im täglichen Leben

Meditation ist auf der einen Seite ein Bewusstseinsprozess, auf der anderen Seite beeinflusst sie jedoch auch konkret unseren Organismus und unser tägliches Leben. Es gibt eine Vielzahl von Untersuchungen und Testreihen mit Menschen, die meditieren. Die Auswertungen ergaben folgende Veränderungen durch Meditation:

durch niedrigen Blutdruck treten ebenfalls seltener auf.
- Der Milchsäurespiegel im Blut nimmt ab. Daraus kann man schließen, dass auch die Angstbereitschaft zurückgeht.
- Im Gehirn entstehen vermehrt Alpha-Wellen – ein Indiz für tiefe, innere Entspannung und Gelöstheit.

Körperliche Wirkungen

- Die Atemfrequenz nimmt ab, das heißt, der Atem wird ruhiger und gleichmäßiger.
- Der Herzschlag wird langsamer, das Herz arbeitet ruhiger und effektiver.
- Die Abnahme der Herz- und Atemfrequenz verringert wiederum den Sauerstoffverbrauch des Körpers.
- Der Blutdruck sinkt während der Meditation. Nach längerer Übung neigen die Menschen weniger zu hohem Blutdruck. Beschwerden

Psychische Wirkungen

- In verschiedenen psychologischen Intelligenztests schneiden Meditierende besser ab als Menschen, die nie meditieren.
- Das Erinnerungsvermögen und die Lernfähigkeit werden verbessert.
- Die Fähigkeit zur Lösung mathematischer Aufgaben wird gestärkt.
- Die Beziehung zu den Mitmenschen wird positiver eingeschätzt.
- Die innere Kontrolle wird erhöht; es treten weniger Ängste auf.

MEDITATION IM TÄGLICHEN LEBEN

- Schlaflosigkeit kommt seltener vor. Die Zeit bis zum Einschlafen wird deutlich verkürzt.
- Weil die Konzentration zunimmt, können störende Reize die Wahrnehmung weniger beeinflussen.
- Der Selbstausdruck der Persönlichkeit in Sprache und Gestik wird verbessert.
- Das Verlangen nach Genussgiften wird reduziert. Drogen werden überflüssig.
- Gewalttätigkeit und Aggressionen nehmen ab.
- Das Einfühlungsvermögen verbessert sich.

Meditationspraxis

Um die oben genannten Wirkungen zu erzielen, muss man einige Zeit üben. Jeder Erfolg beginnt mit dem ersten Schritt! Wählen Sie für die Meditation eine ruhige, harmonische Umgebung. Am besten machen Sie eine Meditation direkt nach der Tiefenentspannung am Ende der Yogaübungen. Je entspannter und gelöster unser Körper ist, umso besser können die Energien während der Meditation fließen. Es ist aber auch möglich zu jeder anderen Zeit zu meditieren.

Sorgen Sie dafür, dass Sie während der Meditation ungestört bleiben. Unterbrechen Sie möglichst nie eine Meditation abrupt, weil zum Beispiel das Telefon klingelt oder es an der Tür läutet. Sondern kommen Sie immer langsam und behutsam aus dem meditativen Zustand wieder in die weltliche Realität zurück.

Prinzipiell ist Meditation in jeder Körperhaltung möglich. Die gebräuchlichste Haltung ist die einfache Haltung, der Yogasitz (siehe Seite 34/35). Sie können aber auch auf einem Stuhl sitzend meditieren. Achten Sie immer darauf, dass Ihre Wirbelsäule während der Meditation gerade bleibt. Denn nur so können die Energien von der Basis der Wirbelsäule hin zum Scheitelzentrum optimal fließen.

Beginnen Sie mit kurzen Übungszeiten, die Sie dann langsam steigern. Überfordern Sie sich nicht! Es ist besser drei Minuten mit Freude und innerem Frieden zu meditieren als 31 Minuten mit finsterer Miene und innerlichen Verkrampfungen durchzuhalten. Jede der angegebenen Meditationen kann unbedenklich kürzer oder länger ausgeübt werden. Überschreiten Sie trotzdem die angegebene Dauer nicht. Es gibt bestimmte Zeitwerte beim Meditieren, die entsprechende Wirkungen auf uns haben: Nach einer Meditation von drei Minuten wird unser elektromagnetisches Feld, unsere Aura, gestärkt. Haben Sie elf Minuten meditiert, beginnt das Drüsensystem zusätzlich optimal auszuscheiden. Nach 31 Minuten wird die Gehirnfunktion stärker angeregt. Es ist auch möglich, eine Meditation auf zweieinhalb Stunden auszudehnen. Danach hat sich die Struktur des gesamten Organismus grundsätzlich positiv verändert. Nach längerer Meditationpraxis werden Sie in der Lage sein, an jedem Ort zu meditieren, und sei es auf einem lauten Marktplatz. Wir können in diesem Fall auf die Geräusche meditieren. Je weniger wir etwas abwehren,

MEDITATIONEN

sondern es durchfließen lassen, desto leichter gelingt die Meditation. Auf diese Weise können wir entspannt und konzentriert bleiben, selbst wenn es um uns herum laut und hektisch ist. Diese Geisteshaltung können Sie dann wieder übertragen auf alle Tätigkeiten des Alltags. Zufriedenheit und ein erhöhtes Energiepotential werden Sie Ihr Leben lang begleiten.

Warten Sie während der Meditation nicht krampfhaft auf besondere Ereignisse oder sogar auf die Erleuchtung.

Je mehr wir wollen, dass etwas Großartiges oder Außergewöhnliches geschieht, desto weniger wird tatsächlich passieren. Die Wirkung von Meditation zeigt sich häufig erst nach einer gewissen Zeit, wenn wir die Übung schon beendet haben.

Meditation gibt uns die Gelassenheit, die Dinge des Lebens so zu nehmen, wie sie sind. Gleichzeitig bekommen wir mehr Kraft, zielstrebig unseren Weg zu gehen, und lernen uns selbst immer besser kennen.

Meditationsübungen

Es gibt im Kundalini-Yoga viele unterschiedliche Meditationen. Jede meditative Übung hat dabei eine spezifische Hauptwirkung. Die Wirkungen entstehen durch die Kombination von Mudras (Handhaltungen), Konzentrationspunkten und Mantren.

Ein ganz einfaches Mudra ist zum Beispiel die Verbindung von Daumen und Zeigefinger. Auf diese Weise werden Ruhe und Konzentration verstärkt. Mudras verbinden verschiedene Energiebahnen miteinander. Die Fingerspitzen stehen in intensiver Beziehung zu unserem Gehirn. Denn hier befindet sich nach den Lippen die zweitgrößte Konzentration von Nervenenden.

Als Konzentrationspunkte dienen uns häufig das Dritte Auge, die Nasenspitze oder das Kinn. Die Konzentration aufs Dritte Auge entwickelt unsere Intuition. Das Schauen auf die Nasenspitze

unterbricht die Gedankenströme. Wenn wir uns auf das Kinn konzentrieren, beschleunigen wir die Selbsterkenntnis.

Das Mantra ist ein ganz wesentlicher Teil der Meditation. Durch das Aussprechen oder Singen des Meditationswortes werden Reflexpunkte im Mund angeregt. Diese aktivieren wiederum im Gehirn die Hypophyse und den Hypothalamus. Meditieren Sie über den Inhalt eines Mantras, auch wenn Sie seine Bedeutung nicht kennen. Ihr Geist wird dadurch gereinigt und vom Negativen zum Positiven bewegt.

Die Schwingungen und der positive Inhalt des Mantras erfüllen unser Bewusstsein. Je öfter Sie zum Beispiel über *Sat Nam* (Wahrheit) meditieren, umso mehr werden Sie Wahrheit in Ihrem Inneren erfahren und diese nach außen hin leben.

MEDITATIONSÜBUNGEN

Meditation 1
Konzentriertes Handeln

Ausgangsposition: Einfache Haltung
Ablauf: Tasten Sie mit den Fingerspitzen der rechten Hand den Puls am linken Handgelenk. Halten Sie die Finger dabei so, dass Sie den Puls unter jeder Fingerspitze spüren. (Abb. 1) Konzentrieren Sie sich mit geschlossenen Augen auf das *Dritte Auge*. Verbinden Sie jeden Herzschlag mit dem Mantra *Sat Nam* und lauschen Sie im Geiste dem Klang des Mantras. Beginnen Sie mit elf Minuten und steigern Sie dann die Dauer des Meditierens bis auf 31 Minuten.
Ende: Tief ein- und ausatmen.
Wirkung: Diese Meditation macht uns sanftmütig, fördert unser Konzentrationsvermögen und lässt uns zielgerichtet denken und handeln. Gleichzeitig ist sie ein guter Einstieg für Menschen, die noch sehr wenig Meditationserfahrung haben.

Meditation 2
Kirtan Kriya

Diese Übung wird auch Satanama-Meditation genannt und gehört zu den grundlegendsten Meditationen im Kundalini-Yoga.
Ausgangsposition: Einfache Haltung
Ablauf: Die Hände ruhen auf den Knien; die Handflächen zeigen nach vorne. Formen Sie nun mit den Fingern Ihrer beiden Hände nacheinander die folgenden vier Mudras:
1. *Gyan-Mudra:* Die Spitze des Daumens und die Spitze des Zeigefingers werden leicht zusammengedrückt.
2. *Shuni-Mudra:* Die Spitze des Daumens und die Spitze des Mittelfingers werden leicht zusammengedrückt.
3. *Surya-Mudra:* Die Spitze des Daumens und die Spitze des Ringfingers werden leicht zusammengedrückt (Abb. 2).

Abb. 1

Abb. 2

4. *Bhudi-Mudra:* Die Spitze des Daumens und die Spitze des kleinen Fingers werden leicht zusammengedrückt.

Das Mantra dazu lautet: *Sa Ta Na Ma*. Verbinden Sie die Bewegungen der Finger mit den Silben des Mantras.
Gyan Mudra: *Sa* bedeutet Geburt
Shuni Mudra: *Ta* bedeutet Leben
Surya Mudra: *Na* bedeutet Tod
Bhudi Mudra: *Ma* bedeutet Wiedergeburt
Wiederholen Sie das Mantra fünfmal: mit normaler Stimme, flüsternd, in Gedanken, wieder im Flüsterton, wieder in normaler Lautstärke.
Die gleichlangen Phasen dauern jeweils ein bis fünf Minuten. Nur der mittlere Teil ist doppelt so lang.
Die Silben des Mantras werden lang gezogen: Saaa, Taaa, Naaa, Maaa.
Die Melodie ist:

Sa Ta Na Ma

Sprechen oder singen Sie das Mantra auf einen Atemzug mit dem Ausatmen. Die Augen sind dabei geschlossen. Stellen Sie sich nach einiger Übung während der Meditation ein „L" vor, welches vom Scheitelzentrum zum Dritten Auge reicht. Diese feinstoffliche Verbindung zwischen Zirbeldrüse und Hypophyse wird die *goldene Kordel* genannt.
Ende: Die Arme über den Kopf strecken und dabei mehrmals tief ein- und ausatmen.
Wirkung: Diese Meditation entspannt das Nervensystem und harmonisiert Ihre gesamte Persönlichkeit.

Meditation 3
Gegen Erschöpfung und Ausgebranntsein

Ausgangsposition: Einfache Haltung
Ablauf: Halten Sie Ihre Wirbelsäule vollkommen gerade. Nehmen Sie die Hände vor dem Herzzentrum so zusammen, dass die Handrücken sich berühren. Legen Sie den Daumen an den Ansatz des Mittelfingers und drücken Sie die Finger beider Hände fest gegeneinander. Gleichzeitig halten Sie die Arme und die Ellbogen so locker wie möglich (Abb. 3). Schauen Sie zur Konzentration auf die Nasenspitze.
Atmen Sie durch die Nase in acht gleichen Teilen ein und auch wieder in acht gleichen Teilen vollständig aus. Es gibt für diese Meditation kein spezielles Mantra. Sie können aber zum Beispiel *Sa Ta Na Ma Sa Ta Na Ma* denken.

Abb. 3

MEDITATIONSÜBUNGEN

Beginnen Sie diese Meditation mit elf Minuten und verlängern Sie dann ganz langsam die Dauer auf 22, später auf 31 Minuten.
Ende: Tief ein- und ausatmen; Arme und Hände entspannen.
Wirkung: Machen Sie diese Meditation, wenn Sie total „geschafft" sind. Die Lebensenergie wird nach innen gezogen, sodass sie keine Kraft mehr nach außen abgeben oder verschwenden.

aber nur durch die Nase aus. Der Laut entsteht tief in der Kehle, am Gaumen und in der Nase. Meditieren Sie drei bis höchstens sieben Minuten lang.
Ende: Tief ein- und ausatmen; Arme und Hände entspannen.
Wirkung: Machen Sie diese Meditation, wenn Sie einen schweren Tag vor sich haben. Sie bekommen neue Energie und Ihre Gedanken werden klar. Schon fünf Wiederholungen dieses Mantras können ausreichen, Ihr Bewusstsein vollkommen zu erheben.

TIPP
Machen Sie diese Meditation nur, wenn Sie anschließend genug Zeit zur Entspannung haben. Denn sie wirkt sehr tief und kann Sie weit davontragen.

Meditation 4
Für mächtige Kraftentwicklung

Ausgangsposition: Einfache Haltung
Ablauf: Verschränken Sie die Finger im Venusschloss; nur die Ringfinger sind ausgestreckt. Der rechte Daumen liegt über dem linken. Halten Sie die Hände ungefähr zehn Zentimeter vom Zwerchfell entfernt. Die Ringfinger zeigen in einem Winkel von 60 Grad, schräg nach oben. Schließen Sie Ihre Augen (Abb. 4).
Atmen Sie nun tief ein. Mit dem Ausatmen singen Sie das Mantra *Ong* (Oooooonnnnng). Der Mund bleibt dabei zwar geöffnet, die Luft fließt

Abb. 4

MEDITATIONEN

Meditation 5
Zufriedenheit und Wohlgefühl

Ausgangsposition: Einfache Haltung
Ablauf: Verbinden Sie den Daumen und den Mittelfinger der rechten Hand sowie den Daumen und den kleinen Finger der linken Hand miteinander. Die Fingernägel berühren sich dabei nicht. Für Frauen ist die Haltung der Finger genau umgekehrt.
Die Schultern sind locker und entspannt. Halten Sie die Hände ungefähr 20 Zentimeter auseinander. Die Finger befinden sich in Höhe der Brustwarzen, ein wenig vom Körper entfernt, und zeigen nach vorne (Abb. 5).
Schließen Sie Ihre Augen und konzentrieren Sie sich auf den Atem oder auf das Dritte Auge . Der Atem fließt ganz ruhig ein und aus. Machen Sie die Meditation elf Minuten lang.

Ende: Tief einatmen und für kurze Zeit die Hände kräftig zu Fäusten ballen. Danach Hände und Position entspannen.
Wirkung: Diese Meditation erzeugt eine tiefe Zufriedenheit und geistige Ausgeglichenheit. Außerdem hilft sie Ihnen, Ihre wahren Talente und Eigenschaften zu erkennen.

Abb. 6

Abb. 5

Meditation 6
Öffnung des Herzzentrums

Ausgangsposition: Einfache Haltung
Ablauf: Das Mantra lautet: *Aad Guree Namee, Djugad Guree Namee, Sat Guree Namee, Siri Guru Deve Namee.*
Aad Guree Namee – Ich grüße die Weisheit, die am Anfang war.
Djugad Guree Namee – Ich grüße die Weisheit, die durch alle Zeitalter hindurch besteht.
Sat Guree Namee – Ich grüße die wahre Weisheit.
Siri Guru Deve Namee – Ich grüße die erhabene göttliche Weisheit.

MEDITATIONSÜBUNGEN

Das Mantra wird mit folgenden Armhaltungen verbunden: Bringen Sie die Hände vor dem Herzzentrum in Gebetshaltung (Abb. 6). Bei *Aad Guree*

Abb. 7

Abb. 8

Namee strecken Sie die Arme über den Kopf. Die Handflächen berühren sich (Abb. 7). Mit *Djugad Guree Namee* nehmen Sie die gestreckten Arme so weit auseinander, dass ein Winkel von 60 Grad entsteht. Die Handflächen zeigen zueinander (Abb. 8). Bei *Sat Guree Namee* bringen Sie die Handflächen wieder über dem Kopf zusammen (Abb. 7). Die Arme sind gestreckt. Mit *Siri Guru Deve Namee* kehren Sie zur Gebetshaltung zurück (Abb. 6). Das Mantra wird monoton gesprochen oder gesungen. Die Atmung stellt sich unabhängig von Mantra und Bewegungen ein. Die Augen sind geschlossen. Meditieren Sie 11 bis 31 Minuten.

Wirkung: Diese Meditation öffnet das Herzzentrum. Sie werden die Liebe zu sich und anderen Menschen intensiv spüren. Gleichzeitig schafft diese Meditation auch eine Verbindung mit dem Universum.
Das Mantra dieser Meditation ist ein Schutzmantra. Sie können es in allen Lebenslagen benutzen, in denen Sie sich vor eventuellen Gefahren schützen wollen. Sprechen Sie dieses Mantra zum Beispiel dreimal vor Beginn einer Autofahrt. Sie werden dadurch konzentrierter und viel entspannter fahren.

Meditation 7
Herzrhythmus-Meditation

Ausgangsposition: Einfache Haltung oder Lotussitz

Ablauf: Die Hände ruhen in Gyan Mudra auf den Knien. Die Handflächen zeigen nach vorne. Drücken Sie die jeweiligen Fingerspitzen gerade so stark zusammen, dass Sie Ihren Puls in den Daumenspitzen fühlen können. Wenden Sie dann die dreifache Schleuse an:
1. Die Hände sind in Gyan Mudra (Abb. 9).
2. Die Schneidezähne liegen locker aufeinander.
3. Die Zunge ist nach hinten gerollt und berührt den Gaumen.

Schließen Sie die Augen und konzentrieren Sie sich auf den Pulsschlag. Beginnen Sie diese Meditation mit 11 Minuten. Fügen Sie jeden weiteren Tag einige Minuten hinzu bis Sie schließlich 31 Minuten mit voller Aufmerksamkeit meditieren.

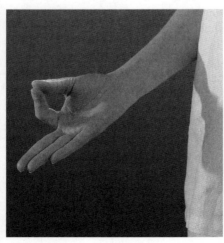

Abb. 9

Wirkung: Diese Meditation gibt uns das Wissen über Vergangenheit, Gegenwart und Zukunft. Sie regt das Gehirn direkt an und vernetzt neue Bereiche des Gehirns miteinander. Außerdem wirkt sie ausgleichend auf das Nervensystem. Wenn Sie diese Meditation häufiger machen, wird sich Ihre innere Einstellung zu sich selbst sehr positiv verändern. Ihr Leben wird einen günstigeren Verlauf nehmen.

Meditation 8
Heilmeditation

Ausgangsposition: Einfache Haltung

Ablauf: Entspannen Sie die Arme an den Seiten des Körpers. Die Unterarme werden bis zur Mitte der Brust hochgehoben und berühren leicht den Brustkorb. Legen Sie die Hände vor dem Herzzentrum ineinander. Beide Handflächen sind schräg nach oben gerichtet. Die rechte Hand ruht in der linken. Die Finger liegen diagonal aufeinander und sind leicht gekrümmt. Legen Sie den rechten Daumen auf den linken. (Abb. 10) Das Mantra lautet:
Ra Ma Da Sa Sa Se Sohung
Ra – Sonne,
Ma – Mond,
Da – Erde,
Sa – Unendlichkeit,
Sa – Unendlichkeit,
Se – Gott ist die Unendlichkeit,
Sohung – Gott und Ich sind eins.
Lassen Sie die Augen ein Zehntel geöffnet und schauen Sie auf die Nasenspitze. Atmen Sie tief ein und während des Ausatmens singen Sie

MEDITATIONSÜBUNGEN

Abb. 10

das vollständige Mantra auf einen Atemzug. Legen Sie dabei eine stärkere Betonung auf das erste *Sa* und auf *Sohung*.
Die Melodie ist:

Ra Ma-a Da Sa Sa Se-e So-hung

Das lange Mantra braucht viel Atemvolumen. Atmen Sie deshalb jedesmal kräftig ein und singen Sie mit voller Energie.
Beginnen Sie diese Meditation mit 11 Minuten. Wenn Sie den vollen Ton auf gleicher Höhe halten können, steigern Sie die Dauer auf 31 Minuten.
Wirkung: Diese Meditation, auch Sank-Kriya (Muschelübung) genannt, kann negative Energien transformieren. Sie werden Ihre Seele deutlicher spüren, sich mehr entfalten können, gesünder werden und erwünschte, positive Veränderungen erleben.
Die Schwingung des Mantras verbindet die persönliche Lebensenergie mit der kosmischen Energie. Auf diese Weise werden Heilungsprozesse in Gang gesetzt. Sie können diese Meditation mit allen Heilverfahren kombinieren.

149

MEDITATIONEN

Meditation 9
Für starke Nerven

Ausgangsposition: Einfache Haltung
Ablauf: Halten Sie die rechte Hand in Höhe der Ohren. Der Daumen und die Spitze des Ringfingers berühren sich. Die anderen Finger sind nach oben gestreckt. Legen Sie gleichzeitig die linke Hand entspannt in den Schoß. Die Spitze des kleinen Fingers und die Daumenspitze berühren sich. Die anderen Finger sind ausgestreckt.
Für Frauen ist die Handhaltung genau umgekehrt: Die linke Hand ist in Ohrhöhe und die rechte Hand liegt im Schoß. Der linke Daumen und die Spitze des linken Ringfingers berühren sich, ebenso der rechte Daumen und die Spitze des rechten Mittelfingers. Halten Sie die Augen ein Zehntel geöffnet und atmen Sie in dieser Haltung lang und tief. Der Atem fließt dabei ganz ruhig und langsam.
Machen Sie diese Meditation anfangs elf Minuten und steigern Sie dann die Übungszeit langsam auf 31 Minuten.
Ende: Atmen Sie tief ein und öffnen Sie die Finger. Heben Sie die Arme gestreckt über den Kopf und schütteln Sie die Hände kräftig aus. Atmen Sie nun aus. Wiederholen Sie das Ganze ein bis zwei Minuten lang. Die Energie verteilt sich dann besser in Ihrem gesamten Körper.
Wirkung: Durch diese Meditation werden Sie einen ruhigen Geist und starke Nerven erlangen, sodass Sie selbst in hektischen Situationen gelassen bleiben. Unvernünftige und unverständliche Handlungen Ihrer Mitmenschen bringen Sie nicht mehr aus dem Gleichgewicht. Zudem wird Ihre persönliche Ausstrahlung verbessert. Diese Meditation hilft uns, mit den Anforderungen und Problemen der heutigen Zeit besser fertig zu werden und in unserer Mitte zu bleiben.

Meditation 10
Gegen Depressionen und zur Synchronisation des Gehirns

Ausgangsposition: Einfache Haltung
Ablauf: Halten Sie beide Hände in Gyan Mudra: die Daumenspitze und die Spitze des Zeigefingers berühren sich. Heben Sie die Oberarme parallel zum Boden hoch und legen Sie die Finger um die Augen (Abb. 11). Schauen Sie jetzt in die Ferne.
Bringen Sie mit dem Einatmen die Hände ungefähr einen Meter auseinander. Die Augen schauen weiter in die Ferne (Abb. 12). Beim Ausatmen führen Sie die Hände wieder vor die Augen. Die Ellbogen bewegen sich leicht, sind aber entspannt.
Beginnen Sie langsam. Ein Zyklus von Ein- und Ausatmen dauert circa vier Sekunden. Beim ersten Einatmen denken Sie *Sa,* beim Ausatmen *Ta,* beim nächsten Einatmen *Na* und beim Ausatmen *Ma.* Fahren Sie auf diese Weise fort, die Bewegungen mit dem Mantra zu verbinden.
Meditieren Sie auf die Lebensenergie des Atems: Stellen Sie sich vor, dass der Atem bei der Bewegung vom mittleren Punkt, wo sich die vier Finger-

MEDITATIONSÜBUNGEN

spitzen berühren, nach außen gezogen wird. Nach ungefähr drei Minuten machen Sie die Übung doppelt so schnell.
Fahren Sie für weitere drei Minuten so fort.
Ende: Atmen Sie tief ein und aus. Entspannen Sie die Finger, die Arme und die Schultern und lassen Sie sie locker herunterhängen. Konzentrieren Sie sich jetzt auf den vorderen Teil des Kronenchakras (siehe Seite 22). Bleiben Sie so 15 Minuten lang in vollkommener Entspannung sitzen.
Wirkung: Diese Meditation wird Sie positiv und glücklich machen. Sie erzeugt Ausdauer in Gedanken, Worten und Taten. Der Atem wird ausgedehnt und beide Gehirnhälften werden aufeinander abgestimmt.
Diese Meditation kann außerdem Depressionen lindern. Sie fördert unsere Kreativität und wir erkennen, dass die schöpferische Kraft unseres Lebens unbegrenzt ist.

Abb. 11

Meditation 11
Gegen Gewohnheiten

Ausgangsposition: Einfache Haltung
Ablauf: Die Wirbelsäule ist aufrecht, der Kopf gerade. Die Hände sind zu Fäusten geschlossen; die eingerollten Finger weisen nach vorne. Drücken Sie die ausgestreckten Daumen leicht gegen die Schläfen. Im unteren Teil der Schläfe befindet sich eine Nische, in welche die Daumen genau hineinpassen (Abb. 13).
Der Mund ist geschlossen; die Zähne liegen aufeinander. Die Kaumuskulatur

Abb. 12

MEDITATIONEN

Abb. 13

wird abwechselnd angespannt und wieder gelockert, sodass sich die hinteren Backenzähne rhythmisch aufeinander pressen. Durch den wechselnden Druck wird ein Muskel unter den Daumen massiert. Drücken Sie mit den Daumen gegen diesen Muskel. Bei jedem Zusammenpressen der Zähne denken Sie eine Silbe des Mantras *Sa Ta Na Ma*.

Konzentrieren Sie sich mit geschlossenen Augen auf das Dritte Auge (Ajna, siehe Seite 154). Meditieren Sie anfangs fünf bis sieben Minuten. Mit einiger Übung können Sie die Meditation auf 31 Minuten ausdehnen.

Wirkung: Diese Meditation hilft, körperliche und geistige Abhängigkeiten zu überwinden. Der erzeugte Druck auf die Schläfen wirkt reflektorisch auf eine Stelle im Gehirn, die direkt unter der Zirbeldrüse (Epiphyse) liegt. Wird dieser Bereich reguliert, können wir uns leichter von Süchten, wie Rauchen, übermäßiges Essen, Alkohol und Drogen lösen.

Diese Meditation ist schon mit großem Erfolg in Rehabilitationsprogrammen für drogenabhängige Menschen angewandt worden. Sie ist ebenfalls eine gute Unterstützung bei Phobien und Geisteskrankheiten.

Anhang

ANHANG

Glossar

Agni: Das biologische Feuer. Aktiviert unser Verdauungssystem und den Stoffwechsel.

Ajna: Das „Dritte Auge". Es befindet sich zwischen den Augenbrauen. Häufig benutzter Konzentrationspunkt im Kundalini-Yoga. Energetisch verbunden mit der Hypophyse.

Alveolen: Die Lungenbläschen. Ort des Austausches von Sauerstoff und Kohlendioxyd in den Lungen.

Ambrosische Stunden: Der frühe Morgen vor Sonnenaufgang, stärkste Energiekonzentration im Kosmos.

Apana: Die negativ geladene Energie des Körpers. Reguliert alle Ausscheidungsprozesse. Aktiviert zusammen mit Prana die Kundalini. Fließt durch den Nadi Ida.

Asana: Körperhaltung, Yogaposition, verbunden mit einer inneren Bewusstseinshaltung.

Aura: Energetische Hülle des Menschen. Umgibt den physischen Körper. Besteht aus feinstofflicher Energie. Aus verschiedenen Farben und Schichten zusammengesetzt.

Bärengriff: Yogische Handhaltung. Aktiviert das Herz und die Thymusdrüse. Die Finger werden krallenartig zusammengehalten. Die linke Handfläche weist vom Körper weg. Die rechte Handfläche zeigt zum Körper hin.

Bandha: Körperschleuse. Kanalisiert und dirigiert den Fluss der Kundalini-Energie.

Bhakti Yoga: Yogischer Weg der totalen Hingabe an den göttlichen Willen.

Chakra: Das Rad. Energiezentren im feinstofflichen Körper des Menschen. Es gibt sieben Haupt-Chakren, die mit den endokrinen Drüsen und bestimmten Gefühlszuständen verbunden sind.

Chanten: Sprechgesang. Erzeugt durch Meditationswörter positive Schwingungen in unserem Bewusstsein.

Dharana: Die Konzentration. Körperpunkte, Mantren oder der Atem dienen dem Geist als Fokus.

Dhyana: Die Meditation. Erweiterung des Bewusstseins durch Meditationswörter oder Gedankenbetrachtung.

3HO: Happy, Healthy, Holy – Organisation. Eingetragener Verein für die Verbreitung und Ausbildung von Kundalini-Yoga.

Elektromagnetisches Feld: Physisch messbare Abstrahlung unseres Körpers. Erneuert ständig unseren Organismus. Verantwortlich für die Stärke eines Menschen.

GLOSSAR

Feueratem: Blasebalg-Atmung. Schneller und energetisierender Bauchatem. Ungefähr zwei Bauchbewegungen pro Sekunde. Wichtig: Die Einatmung ist gleichlang wie die Ausatmung. Wirkt reinigend und entgiftend.

Ghee: Geklärte Butter. Lange haltbar und frei von Cholesterin.

Guru: Gu bedeutet Dunkel. Ru bedeutet Licht. Alles ist Guru, was uns als Lehrer zur Bewusstseinserweiterung dient.

Gyan Mudra: Yogische Grundhandhaltung. Bedeutung: Siegel der Weisheit. Die Spitzen des Daumens und des Zeigefingers berühren sich. Der Daumen symbolisiert das Ego, der Zeigefinger die Weisheit.

Gyan Yoga: Yogaweg des Wissens. Intellektuelle Analyse der Realität, um in allen Erscheinungen Gott zu erkennen.

Hatha Yoga: Yogaweg, der viele statische und dehnende Asanas benutzt. Die Entwicklung des Willens wird betont. Harmonisiert die männlichen und die weiblichen Energien im Organismus.

Hormone: Drüsenstoffe. Aktivieren verschiedene Körperprozesse. Stehen in Verbindung mit dem Nervensystem.

Hypophyse: Drüse hinter der Stirn. Steuert die meisten Körperdrüsen. Sitz des Dritten Auges. Steht in Zusammenhang mit der Intuition.

Hypothalamus: Teil des Zwischenhirns. Regelt das vegetative Nervensystem. Verbindungsstelle zwischen Nerven- und Drüsensystem.

Ida: Linker feinstofflicher Energiekanal (Nadi). Steht in Beziehung zum linken Nasenloch. Mondenergie. Bewirkt Entspannung, Intuition, Loslassen, Blutdrucksenkung.

Ishnaan: Die yogische Wassertherapie.

Jalandhara Bandha: Nackenschleuse. Fördert Blut- und Energiefluss zum Kopfbereich. Wird häufig bei Atemübungen und Meditationen eingesetzt.

Karma: Jede Aktion erzeugt eine Reaktion. Das kosmische Gesetz von Ursache und Wirkung.

Karma Yoga: Yogaweg des losgelösten Handelns. Selbstloses Dienen im Namen Gottes.

Kriya: Spezielle Kombination einer Yogaposition mit einer Handhaltung, einer Atemform und einem Mantra.

Kundalini: Die Schlangenkraft. Ur-Energie, die im Wurzelchakra ruht, am Ende der Wirbelsäule. Wird erweckt durch Kundalini-Yoga. Verbindet Körper, Geist und Seele. Führt zu Einheit und Erleuchtung.

Langer tiefer Atem: Häufig benutzte Atemform im Kundalini-Yoga. Ein- und Ausatmung langsam und ruhig aus dem Bauch heraus. Bewirkt Entspannung und Reinigung.

ANHANG

Lotusposition: Sitzhaltung. Halber oder ganzer Lotus. Die Füße ruhen auf dem gegenüberliegenden Oberschenkel. Die Knie berühren den Boden. Erzeugt eine gerade Wirbelsäule beim Sitzen. Benötigt meist längere Yogapraxis.

Mahabandha: Die große Körperschleuse. Kombination aller Schleusen. Die Augen schauen auf das Dritte Auge. Die Zunge berührt den weichen Gaumen. Zieht die Kundalini-Energie zum Kronenchakra.

Mantra: Meditationswort. Wortklang, der die geistigen Schwingungen lenkt und kontrolliert. Silben oder Wörter, die den Geist konzentrieren. Durch Wiederholung wandert ihr Inhalt ins Unterbewusstsein und erfüllt das Bewusstsein. Bekannte Mantren: „Sat Nam" und „Ong".

Meditation: Konzentration des Geistes. Nachsinnen, betrachten. Einswerden mit sich und der Schöpfung. Erkenntnis unseres wahren Selbst.

Mudra: Yogische Handhaltung. Unterstützt die Wirkung einer Yoga- oder Meditationsübung. Verbindet Energiebahnen.

Mulabandha: Die Wurzelschleuse. Transportiert die Energie in den Bauchraum. Wird meist am Ende einer Yogaposition angewandt.

Nabelpunkt: Energiezentrum. Liegt in der Nähe des Bauchnabels. Ausgangspunkt der meisten Nadis.

Nadi: Feinstofflicher Energiekanal. Verteilt die Körperenergie im gesamten Organismus.

Niyama: Innere Selbstdisziplin. Verhaltensregeln für Körper und Geist. Ziel ist die bewusste Beherrschung von Körper und Gemüt.

Parasympathikus: Teil des vegetativen Nervensystems. Gegenspieler des Sympathikus. Dient der Energiespeicherung, der Erholung des Organismus und dem Aufbau.

Pingala: Rechter feinstofflicher Energiekanal (Nadi). Steht in Beziehung zum rechten Nasenloch. Sonnenenergie. Bewirkt Aktivität, Tatendrang, Vitalität und Blutdruckanstieg.

Prana: Lebensenergie. Die Energie des Atems. Wird besonders über Nahrung, Atmung und Sonne aufgenommen. Mischt sich mit Apana, der negativ geladenen Energie des Körpers, im Nabelchakra und aktiviert so die Kundalini-Energie.

Pranayama: Yogische Atemtechnik. Beherrschung des Atems. Regulierung der Körperenergie durch unterschiedliche Atemformen.

Pratyahara: Zurückhaltung und Beherrschung der Sinne. Bewirkt die Hinwendung zum neutralen Geist, unserer wahren Kapazität.

Raja Yoga: Königlicher Weg des Yoga. Entwicklung der Körperenergie durch Stärkung der Willenskraft.

GLOSSAR

Samadhi: Einswerden, die Erleuchtung. Versenkung des Geistes. Erkenntnis und Erfahrung der Einheit und Unendlichkeit aller Wesen, Dinge und des Universums.

Sat Nam: Häufig gebrauchtes Mantra im Kundalini-Yoga. Sat bedeutet Wahrheit. Nam bedeutet Name. Die wahre Identität.

Shakti: Weiblicher Aspekt der kosmischen Energie. Dynamische Kraft im Menschen, Ursprung im Wurzelchakra.

Shiva: Männlicher Aspekt der kosmischen Energie. Statische Kraft des reinen Geistes. Ausgangspunkt im Scheitelchakra.

Shushumna: Zentraler Energiekanal im Bereich der Wirbelsäule. Das „Silberband". Ursprung der Chakren. Kanal, durch den die Kundalini-Energie aufsteigt.

Sympathikus: Teil des vegetativen Nervensystems. Gegenspieler des Parasympathikus.
Dient der Mobilisierung von Energie. Reagiert in Situationen der Selbsterhaltung des Körpers: Stress, Kampf und Flucht.

Synapse: Schaltstelle zwischen den Nervenzellen. Leitet elektrische Impulse weiter.

Uddhyana Bandha: Die Zwerchfellschleuse. Transportiert die Energie in den Brustraum. Fördert den Rückfluss des Blutes zum Herzen.

Veden: Älteste überlieferte Schriften Indiens. Basistexte für die Entwicklung des Yoga und der yogischen Philosophie.

Vegetatives Nervensystem: Regelt die unbewussten Organfunktionen. Besteht aus Sympathikus und Parasympathikus. Schaltstelle ist der Hypothalamus.

Venusschloss: Yogische Handhaltung. Harmonisiert das Drüsensystem. Die Finger werden verschränkt. Der linke kleine Finger liegt unten. Der linke Daumen liegt zwischen rechtem Zeigefinger und dem rechten Daumen. Der rechte Daumen liegt am Anfang des Ballens des linken Daumens. Frauen machen die Handhaltung andersherum.

Yama: Yogische Verhaltensregeln für das gesellschaftliche Leben. Gewaltlosigkeit, Wahrhaftigkeit, Nicht-Stehlen, reiner Lebenswandel, Nicht-Besitzergreifen.

Yoga: Vereinigung. Wissenschaft zur Verbindung des individuellen Bewusstseins mit dem universellen Bewusstsein.

Yogi Bhajan: Meister des Kundalini-Yoga. Lehrt seit 1968 im Westen. Lebt in Los Angeles. Unterrichtet Kundalini-Yoga in den USA und Europa.

Zirbeldrüse (Epiphyse): „Sitz der Seele" (Descartes). Teil des Zwischenhirns. Liegt in der Mitte des Kopfes. Beteiligt an der Regulation des Wach- und Schlafrhythmus und der Produktion von Glückshormonen.

ANHANG

Literatur und Adressen

Dethlefsen, Thorwald: Krankheit als Weg. Bertelsmann, München

3H-Organisation, Deutschland:
– Handbuch der Kundalini-Yoga-Lehrerausbildung
– Handbuch für Lehrer und Studenten Band I und II
– Kundalini-Yoga, wie es von Yogi Bhajan gelehrt wird
– Perlen der Weisheit – Yogi Bhajan
– Überlebenshandbuch

Gach, Michael: Aku-Yoga. Kösel, München

Goodrich, Janet: Natürlich besser sehen. Angewandte Kinesiologie, Breisgau

Hoffmann, Peter (Hrsg.): Positivlisten-Lebensmittel. Hoffmann, Frankfurt/M.

Krishna, Gopi: Kundalini. O.W. Barth/Scherz, München

Kundalini: Research Institute of the 3HO Foundation (Hrsg.), USA:
– Kundalini Meditation Manual for Intermediate Students
– Kundalini Yoga Manual
– Kundalini Maintenance Yoga Sets
– Keeping up with Kundalini-Yoga
– Yoga for the 80's, Kundalini-Yoga as taught by Yogi Bhajan

Leadbeater, C.W.: Die Chakras. Bauer, Freiburg

Lütge, Lothar-Rüdiger: Kundalini. Bauer, Freiburg

Pandit, M.P.: Kundalini-Yoga. Drei Eichen, München

Patanjali: Die Wurzeln des Yoga. O.W. Barth/Scherz, München

Singh, Satya: Das Kundalini Yoga Handbuch. Heyne, München

Spalding, Baird: Leben und Lehren der Meister im Fernen Osten. Drei Eichen, Ergolding

Vivekananda: Raja-Yoga. Bauer, Freiburg

Wesselhöft, Rosi: Weibliche Macht ist das Zentrum der Partnerschaft. Wesselhöft, Wiesbaden

Yogananda, Paramahansa: Autobiographie eines Yogi. O.W. Barth/Scherz, München

Zimmer, Heinrich: Philosophie und Religion Indiens. Suhrkamp, Frankfurt/M.

Für weitere Information über Kundalini-Yoga, Wochenendseminare, Literatur und Mantramusik, wenden Sie sich bitte an:
Thomas Wesselhöft
An der Ringkirche 8
65197 Wiesbaden
Telefon/Fax: 0611-44 38 32.
Hier hilft man Ihnen auch gerne weiter, wenn Sie sich für die Kundalini-Yoga-Lehrerausbildung interessieren oder wissen möchten, wer in Ihrer Nähe unterrichtet.
Die Ausbildung findet in Hamburg, Offenburg, Darmstadt, Berlin und München statt. Die Ausbildungen in Österreich und der Schweiz sind in Planung. Es gibt zahlreiche diplomierte Yogalehrer in ganz Deutschland, in der Schweiz und in Österreich.

Register

3H-Organisation 11

Abwehrschwäche 135
Ajna, siehe Stirnchakra
Anahata, siehe Herzchakra
Apana 23, 24
Asanas 15/16
Asthma bronchiale 135
Atem, langer tiefer 37/38, 65
Atemführung, siehe
  Pranayama
Atmung, paradoxe 64
Aufwachübungen 41/42
Aura-Körper 29

Bandhas, siehe Körper-
  schleusen
Bauchspeicheldrüse 113
Bhakti-Yoga 11
Bluthochdruck 135
Bogenlinie 29

Chakren 20-22

Depressionen 136
Dharana 17
Dhyana 17/18
Diät, grüne 82
Disziplin, siehe Yama
Drittes Auge 22

Eierstöcke 113
Entspannung, yogische
  41/42
Erleuchtung, siehe Samadhi
Ernährung, yogische 57,
  66/67, 74/75, 82, 89/90,
  96/97, 104/105, 113/114,
  120/121, 128

Fersensitz 35/36
Feueratem 38, 65/66
Früchte-Gemüse-Nüsse-
  Diät 83

Geist
- Konzentration,
  siehe Dharana
- negativer 28
- neutraler 29
- positiver 28
Guru 33
Gyan-Yoga 11

Haltung, einfache 34/35
Hatha-Yoga 11
Herzchakra 21

Hoden 113
Hypophyse 112

Ida 23

Jalandhara Bandha, siehe
  Kehlkopfschleuse

Karma 9/10
Karma-Yoga 11
Kehlkopfchakra 22
Kehlkopfschleuse 26
Körper, die zehn 28-31
Körper, physischer 29
Körperhaltungen 15/16
Körperschleusen 25/26
Kreislaufprobleme 136
Kundalini-Energie 10/11,
  12/13, 20, 24/25
Kundalini-Yoga
- Wirkungen 44, 48, 56/57,
  74/75, 83, 89/90, 97,
  104/105, 113/114, 120/121,
  128/129, 135/136
- Übungsreihen 45/46

Lotussitz 36

Mahabandha, siehe
  Schleuse, große
Manipura, siehe Nabel-
  chakra
Meditation, siehe Dhyana
Meditation 138/139
- Praxis 141/142
- Übungen 142-152
- Wirkungen 140/141
Mulabandha, siehe Wurzel-
  schleuse
Muladhara, siehe Wurzel-
  chakra

Nabelchakra 21
Nadis 20, 23
Nebennieren 113
Nebenschilddrüsen 112
Negativ Mind 28
Neutral Mind 29
Niyama 14/15

Pingala 23
Positiv Mind 28
Prana 23, 24
Prana-Körper 30
Pranayama 16
Pratyahara 16

Raja-Yoga 11
Reinheit 14
Rückenschmerzen 136
Ruhe, innere 15

Sahasrara, siehe Scheitel-
  Kronenchakra
Samadhi 18
Savasana, siehe Entspan-
  nung, yogische
Scheitel-Kronenchakra 22
Schilddrüse 112
Schleuse, große 26/27
Seelenkörper 28
Selbstdiszplin, siehe Niyama
Sexual-Sakralchakra 21
Shakti 24/25
Shiva 25
Sinne, Beherrschung der,
  siehe Pratyahara
Stirnchakra 22
Strahlungskörper 31
Studium philosophischer
  Schriften 15
Subtilkörper 30
Sushumna 23
Svadhistana, siehe Sexual-Sa-
  kralchakra

Thymusdrüse 112

Uddhyana Bandha, siehe
  Zwerchfellschleuse

Venenbeschwerden 136
Verhaltensregeln, siehe Yama
Vishuddha, siehe Kehlkopf-
  chakra

Wurzelchakra 20/21
Wurzelschleuse 26

Yama 13/14
Yoga 9/10
- Die acht Teile 13-18
Yoga-Übungen
- Atmung 37/38, 40
- Ausklang 42
- Einstimmung 33
- Entspannung 41/42
- Körperhaltung 39/40
- Konzentration, innere 40
- Sitzhaltung 34-36

Zirbeldrüse 111/112
Zwerchfellschleuse 26

Im FALKEN Verlag sind zahlreiche Titel zum Thema „Gesundheit" erschienen.
Überall erhältlich, wo es Bücher gibt.

Sie finden uns im Internet: http://www.falken.de

Dieses Buch wurde auf chlorfrei gebleichtem und säurefreiem Papier gedruckt.

Der Text dieses Buches entspricht den Regeln der neuen deutschen Rechtschreibung.

ISBN 3 8068 2353 7

© 1998 by FALKEN Verlag, 65527 Niedernhausen/Ts.
Die Verwertung der Texte und Bilder, auch auszugsweise, ist ohne Zustimmung des
Verlags urheberrechtswidrig und strafbar. Dies gilt auch für Vervielfältigungen, Über-
setzungen, Mikroverfilmung und für die Verarbeitung mit elektronischen Systemen.

Umschlaggestaltung: Elisabeth Berthauer
Titelbild und Foto Umschlagrückseite: STUDIO TEAM, Wolfgang Zöltsch, Langen
Fotos: STUDIO TEAM, Wolfgang Zöltsch, Langen; außer: **Bildagentur Huber,** Gar-
misch-Partenkirchen: S. 2 (F. Damm); **H. J. Schwarz,** Idstein: S. 153; **FALKEN Archiv,**
Niedernhausen: S. 8 (M. Kraphol); S. 19, 32 (Hans-Peter Oetelshofen)
Layout: Klaus Ohl DESIGN, Wiesbaden
Redaktion: Elly Lämmlen
Herstellung: Petra Zimmer

Die Ratschläge in diesem Buch sind von Autor und Verlag sorgfältig erwogen und
geprüft, dennoch kann eine Garantie nicht übernommen werden. Eine Haftung des
Autors bzw. des Verlags und seiner Beauftragten für Personen-, Sach- und Vermögens-
schäden ist ausgeschlossen.

Satz: FALKEN Verlag, Niedernhausen/Ts.
Druck: Ernst Uhl, Radolfzell

817 2635 4453 6271